AF219570

Impressum
Verlag: BABADADA GmbH, Nedderfeld 112 , 22529 Hamburg
Geschäftsführer / Verlagsleitung: Harald Hof
Druck: Books on Demand GmbH, In de Tarpen 42, 22848 Norderstedt

Imprint
Publisher: BABADADA GmbH, Nedderfeld 112 , 22529 Hamburg, Germany
Managing Director / Publishing direction: Harald Hof
Print: Books on Demand GmbH, In de Tarpen 42, 22848 Norderstedt

de School

koulu

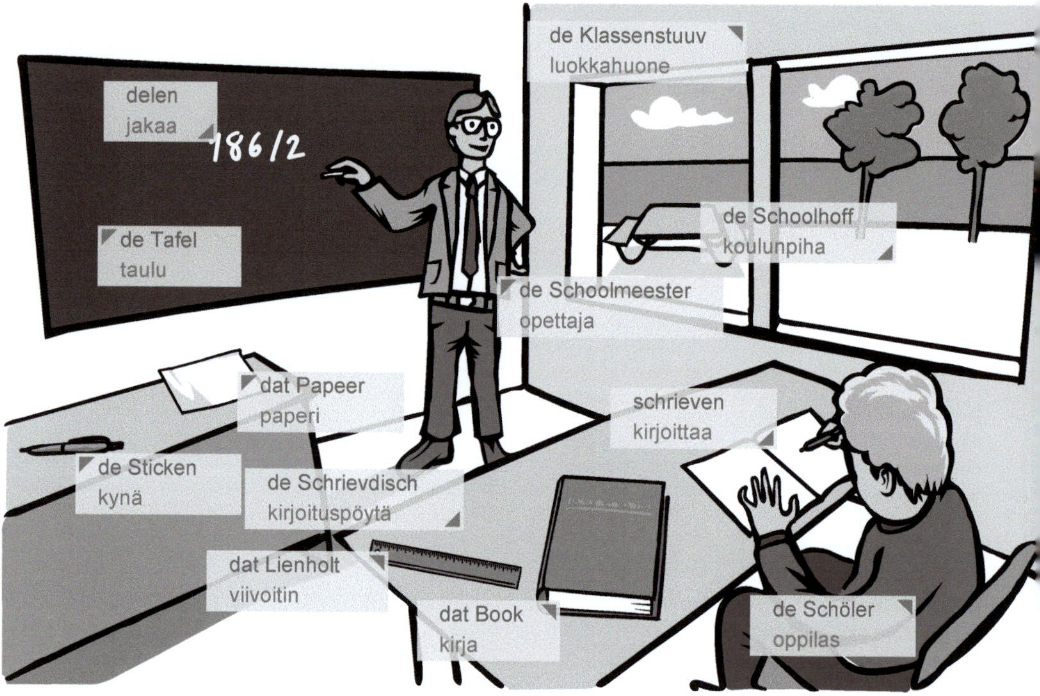
de Klassenstuuv
luokkahuone
delen
jakaa
186/2
de Tafel
taulu
de Schoolhoff
koulunpiha
de Schoolmeester
opettaja
dat Papeer
paperi
schrieven
kirjoittaa
de Sticken
kynä
de Schrievdisch
kirjoituspöytä
dat Lienholt
viivoitin
dat Book
kirja
de Schöler
oppilas

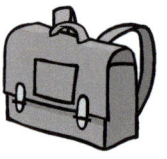

de Ranzel

reppu

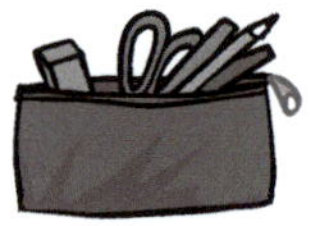

de Feddermapp

penaali

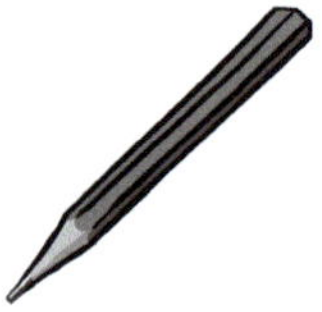

de Bleesticken

lyijykynä

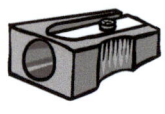

de Scharpmaker

kynänteroitin

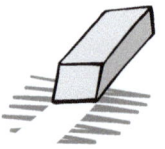

dat Radeergummi

pyyhekumi

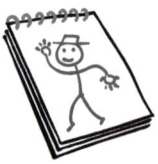

de Tekenblock

piirustuslehtiö

de Teken
piirustus

de Pinsel
pensseli

de Malkassen
vesivärit

de Scheer
sakset

de Klever
liima

dat Heft to'n Öven
harjoituskirja

de Huusopgaav
kotitehtävä

12

de Tall
luku

2+2

tohooptellen
lisätä

5-2

aftrecken
vähentää

2×2

malnehmen
kertoa

reken
laskea

A

de Bookstaav
kirjain

ABCDEFG
HIJKLMN
OPQRSTU
VWXYZ

dat ABC
aakkoset

dat Woort
sana

de Text

teksti

lesen

lukea

de Kried

liitu

de Stunn

oppitunti

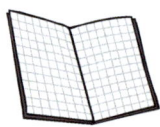

dat Klassenbook

opettajan muistikirja

de Pröven

koe

dat Tüügnis

todistus

de Schooluniform

koulupuku

de Utbillen

koulutus

dat Nakieksel

sanakirja

de Universität

yliopisto

dat Mikroskop

mikroskooppi

de Koort

kartta

de Papeerkorf

roskakori

de Törn
matka

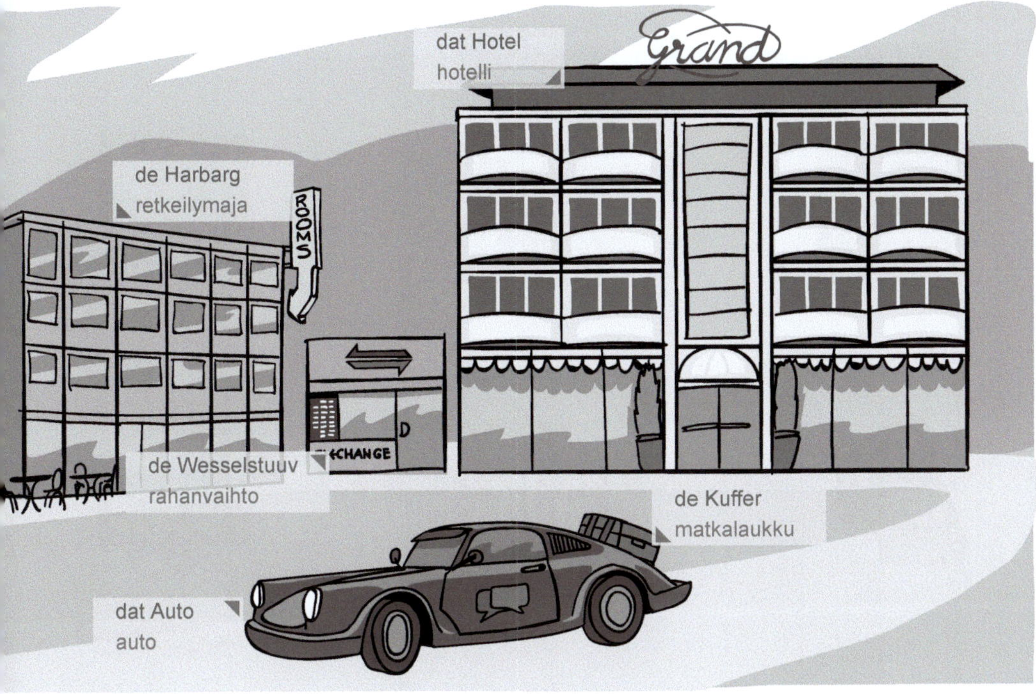

Grand
dat Hotel
hotelli
de Harbarg
retkeilymaja
ROOMS
de Wesselstuuv
rahanvaihto
EXCHANGE
de Kuffer
matkalaukku
dat Auto
auto

de Spraak

kieli

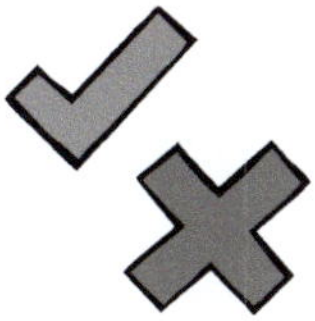

jo / ne

kyllä / ei

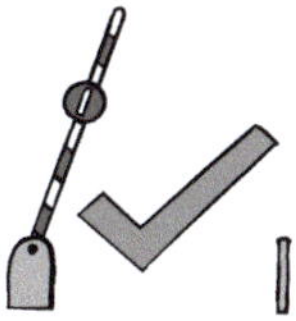

Jo

selvä

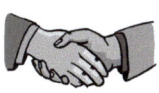

Moin

hei

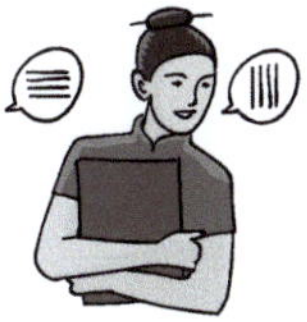

de Översetter

tulkki

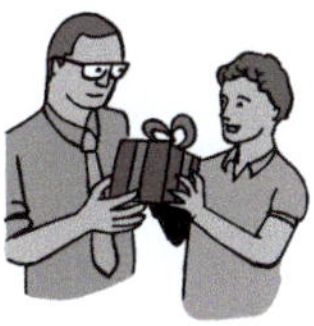

Dank ok

kiitos

Wat kost...?

Paljonko...maksaa?

Ik verstah nich

en ymmärrä

dat Problem

ongelma

Goden Avend

Hyvää iltaa!

Moin!

Hyvää huomenta!

Gode Nacht!

Hyvää yötä!

Tschüüs

näkemiin

de Richt

suunta

de Bagaasch

matkatavarat

de Tasch

laukku

de Rüchsack

reppu

de Gast

vieras

de Stuuv

huone

de Slaapsack

makuupussi

dat Telt

teltta

Touristeninformatschoon

....

turisti-info

de Strand

....

ranta

de Kreditkoort

....

luottokortti

dat Fröhstück

....

aamupala

dat Meddageten

....

lounas

dat Avendeten

....

päivällinen

de Fohrkort

....

matkalippu

de Fohrstohl

....

hissi

de Breefmark

....

postimerkki

de Grenz

....

raja

de Toll

....

tulli

de Bottschop

....

suurlähetystö

dat Visum

....

viisumi

de Pass

....

passi

de Transport
kuljetus

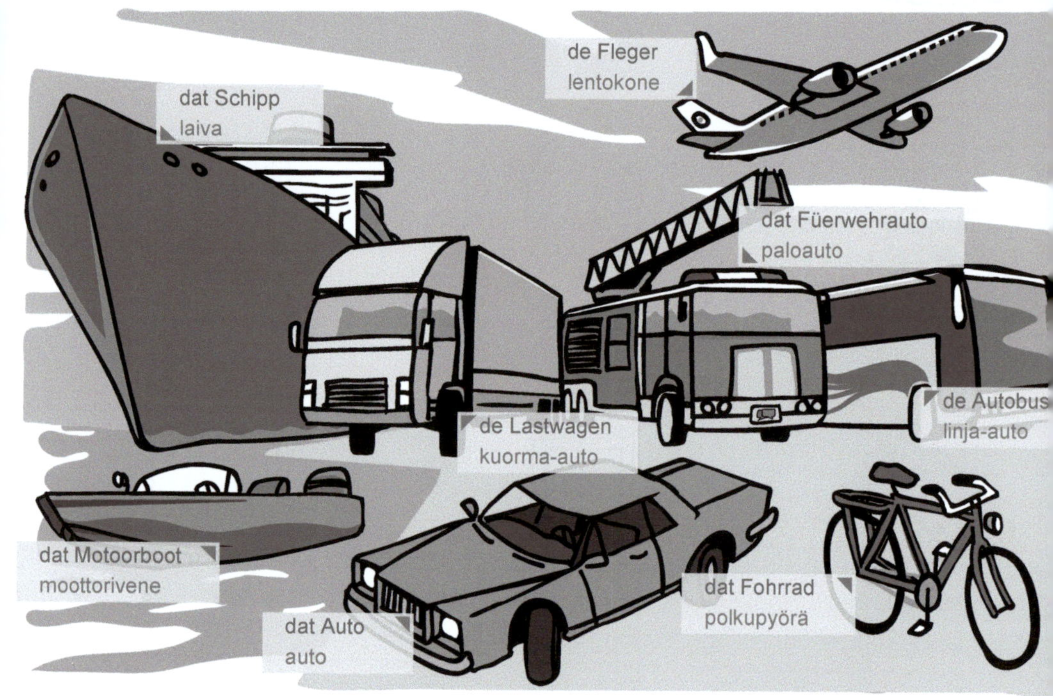

de Fleger
lentokone
dat Schipp
laiva
dat Füerwehrauto
paloauto
de Autobus
linja-auto
de Lastwagen
kuorma-auto
dat Motoorboot
moottorivene
dat Fohrrad
polkupyörä
dat Auto
auto

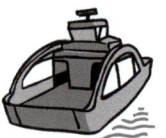

de Fähr

lautta

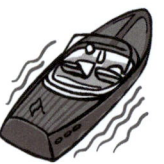

dat Boot

vene

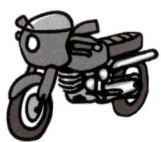

dat Motoorrad

moottoripyörä

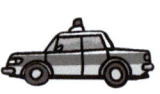

dat Polizeiauto

poliisiauto

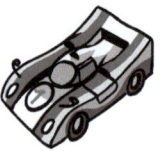

dat Rönnauto

kilpa-auto

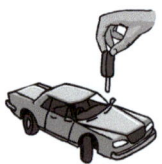

de Lehnwagen

vuokra-auto

dat Carsharing

car sharing

de Afsleepwagen

hinausauto

dat Müllauto

roska-auto

de Motoor

moottori

de Kraftstoff

polttoaine

de Tanksteed

huoltoasema

dat Verkehrsschild

liikennemerkki

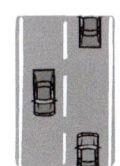

de Verkehr

liikenne

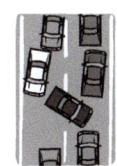

de Stau

ruuhka

de Afstellplatz

parkkipaikka

de Bahnhoff

rautatieasema

de Sporen

raiteet

de Tog

juna

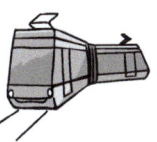

de Stratenbahn

raitiovaunu

de Wagon

vaunu

de Dwarsmöhl

helikopteri

de Flooghaven

lentokenttä

de Tower

lähilennonjohto

de Fohrgast

matkustaja

de Grootkist

kontti

de Karton

pahvilaatikko

de Koor

kärryt

de Korf

kori

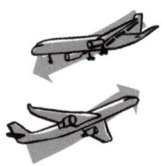

starten / lannen

nousta / laskea

de Stadt
kaupunki

dat Dörp

kylä

de Binnenstadt

keskusta

dat Huus

talo

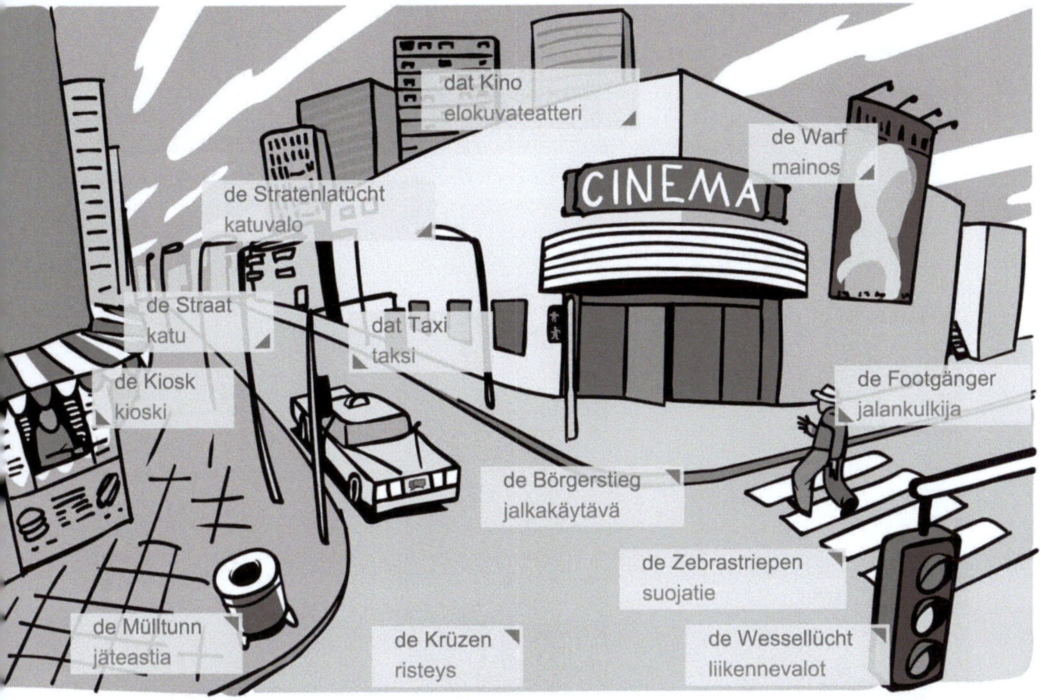

dat Kino
elokuvateatteri

de Warf
mainos

de Stratenlatücht
katuvalo

CINEMA

de Straat
katu

dat Taxi
taksi

de Kiosk
kioski

de Footgänger
jalankulkija

de Börgerstieg
jalkakäytävä

de Zebrastriepen
suojatie

de Mülltunn
jäteastia

de Krüzen
risteys

de Wessellücht
liikennevalot

de Hütt
....
mökki

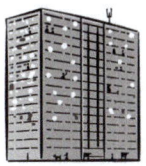

de Wahnung
....
kerrostalo

de Bahnhoff
....
rautatieasema

dat Raathuus
....
kaupungintalo

dat Museum
....
museo

de School
....
koulu

de Universität

yliopisto

de Bank

pankki

dat Krankenhuus

sairaala

dat Hotel

hotelli

de Afteek

apteekki

dat Büro

toimisto

de Bookhökerie

kirjakauppa

de Hökerie

liike

de Blomenhökerie

kukkakauppa

de Supermarkt

supermarketti

de Markt

tori

dat Koophuus

tavaratalo

de Fischhökerie

kalakauppias

dat Inkoopszentrum

ostoskeskus

de Haven

satama

de Stadt - kaupunki

de Parkanlaag

puisto

de Bank

penkki

de Brüch

silta

de Trepp

portaat

de Ünnergrundbahn

metro

de Tunnel

tunneli

de Busstoppsteed

linja-autopysäkki

de Bar

baari

dat Spieslokal

ravintola

de Breefkassen

postilaatikko

dat Stratenschild

katukyltti

de Parkklock

parkkimittari

de Deertenpark

eläintarha

de Baadanstalt

uimala

de Moschee

moskeija

de Buernhoff

maatila

de Ümweltversmudden

ympäristön saastuminen

de Karkhoff

hautausmaa

de Kark

kirkko

de Speelplatz

leikkikenttä

de Tempel

temppeli

de Landschop

maisema

dat Blatt
lehti

de Wiespahl
tienviitta

de Weg
tie

de Wisch
niitty

de Steen
kivi

de Boom
puu

de Wannerer
retkeilijä

de Fluss
joki

dat Gras
ruoho

de Bloom
kukka

dat Daal

laakso

de Barg

vuori

de See

järvi

dat Holt

metsä

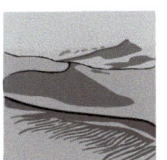

de Wööst

aavikko

de Füerspien Barg

tulivuori

dat Slott

linna

de Regenbagen

sateenkaari

de Poggenstohl

sieni

de Palm

palmu

de Steekmück

hyttynen

de Fleeg

kärpänen

de Miegeemk

muurahainen

de Imm

mehiläinen

de Spinn

hämähäkki

de Sebber

kovakuoriainen

de Pogg

sammakko

de Katteker

orava

de Swienegel

siili

de Haas

jänis

de Uul

pöllö

de Vagel

lintu

de Swaan

joutsen

dat Wildswien

villisika

de Hirsch

peura

de Elk

hirvi

de Staudamm

pato

dat Windrad

tuulimylly

dat Solarmodul

aurinkopaneeli

dat Klima

ilmasto

dat Spieslokal
ravintola

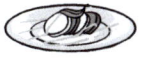

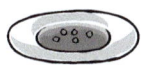

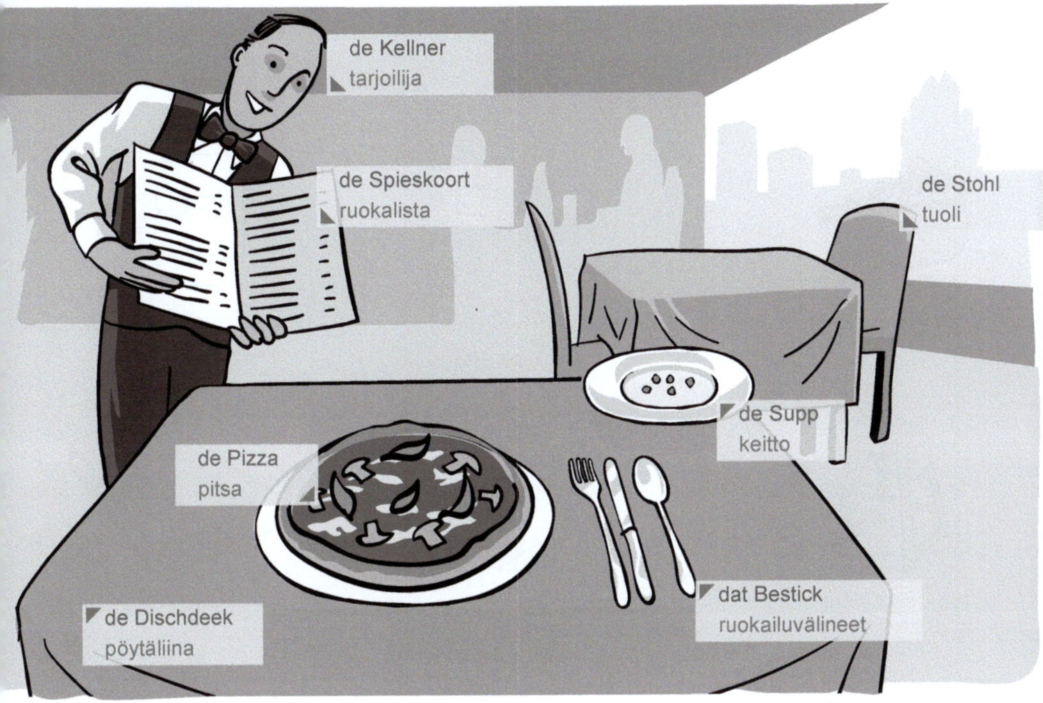
de Kellner
tarjoilija
de Spieskoort
ruokalista
de Stohl
tuoli
de Supp
keitto
de Pizza
pitsa
dat Bestick
ruokailuvälineet
de Dischdeek
pöytäliina

de Vörspies

alkuruoka

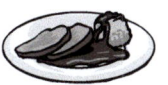

dat Haupteten

pääruoka

de Nadisch

jälkiruoka

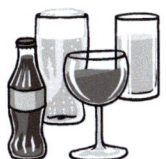

de Drünk

juomat

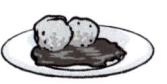

dat Eten

ruoka

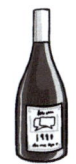

de Buddel

pullo

dat Fastfood

pikaruoka

dat Strateneten

katuruoka

de Teekann

teekannu

de Zuckerdoos

sokeriastia

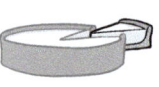

de Portschoon

annos

de Espressomaschien

espressokeitin

de Hoochstohl

syöttötuoli

de Reken

lasku

dat Tablett

tarjotin

dat Mess

veitsi

de Gavel

haarukka

de Lepel

lusikka

de Teelepel

teelusikka

dat Munddook

servietti

dat Glas

lasi

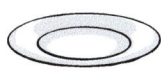

de Töller
lautanen

de Suppentöller
syvä lautanen

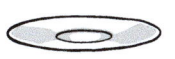

de Ünnertass
aluslautanen

de Sooß
kastike

de Soltstreuer
suolasirotin

de Pepermöhl
pippurimylly

de Etig
etikka

dat Ööl
öljy

de Krüder
mausteet

de Ketchup
ketsuppi

de Mostrich
sinappi

de Mayonnaise
majoneesi

de Supermarkt
supermarketti

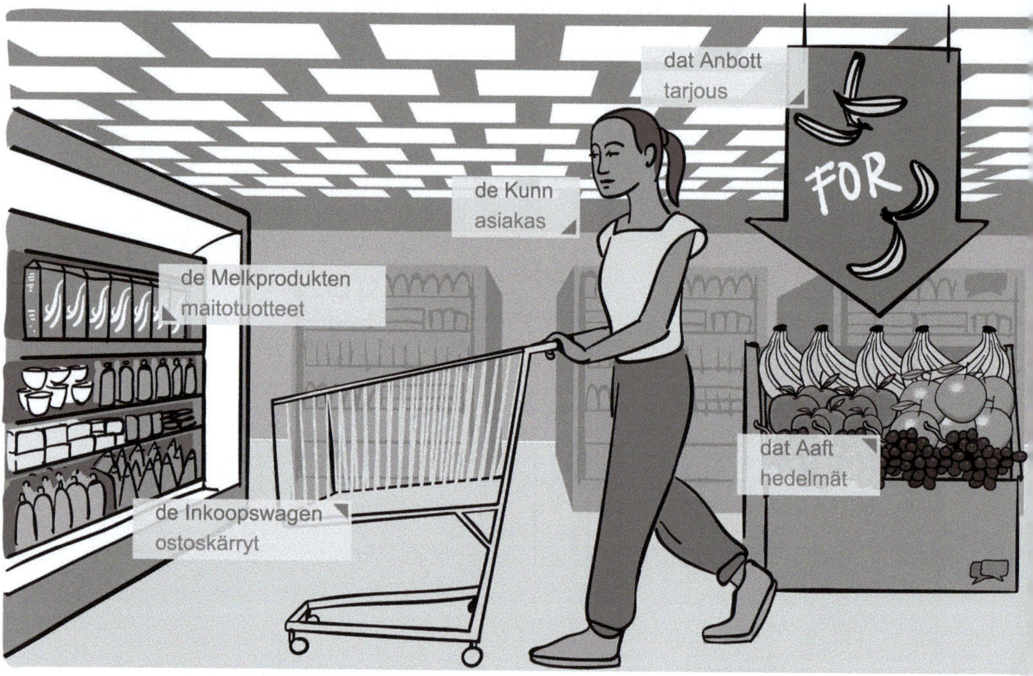

dat Anbott
tarjous
FOR
de Kunn
asiakas
de Melkprodukten
maitotuotteet
dat Aaft
hedelmät
de Inkoopswagen
ostoskärryt

BUTCHERS

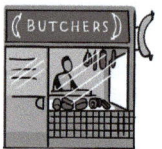

de Slachterie

teurastamo

BAKERY

de Bäckerie

leipomo

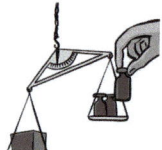

wegen

punnita

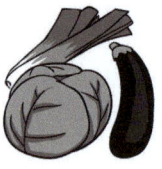

de Gröönsaken

kasvikset

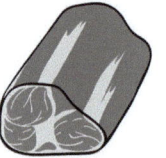

dat Fleesch

liha

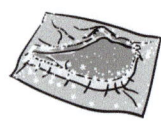

de Deepköhlkost

pakasteet

de Opsnitt

leikkele

de Konserven

säilykkeet

de Waschmiddel

pesujauhe

de Snoopkraam

makeiset

de Huushooltssaken

kotitaloustarvikkeet

de Reinmaaktüüch

puhdistusaineet

de Verköpersche

myyjä

de Kass

kassa

de Kasserer

kassanhoitaja

de Inkoopslist

ostoslista

de Opsparrtieden

aukioloajat

de Breeftasch

lompakko

de Kreditkoort

luottokortti

de Tasch

kassi

de Plastiktüüt

muovipussi

dat Water

vesi

de Saft

mehu

de Melk

maito

de Cola

kokis

de Wien

viini

dat Beer

olut

de Spriet

alkoholi

de Kakao

kaakao

de Tee

tee

de Koffie

kahvi

de Espresso

espresso

de Cappucino

cappuccino

de Banaan

banaani

de Appel

omena

de Appelsien

appelsiini

de Meloon

meloni

de Zitroon

sitruuna

de Wöttel

porkkana

de Knuuvlook

valkosipuli

de Bambus

bambu

de Zibbel

sipuli

de Poggenstohl

sieni

de Nööt

pähkinät

de Nudeln

spagetti

de Spaghetti

spagetti

de Ries

riisi

de Salat

salaatti

de Pommes frites

ranskalaiset

de Braadkantüffeln

paistetut perunat

de Pizza

pitsa

de Hamborger

hampurilainen

dat Sandwich

voileipä

dat Snitzel

leike

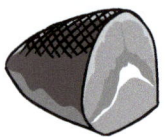

de Schinken

kinkku

de Salami

salami

de Wust

makkara

dat Hohn

kana

de Braden

paisti

de Fisch

kala

dat Eten - ruoka

de Haverflocken

kaurahiutaleet

dat Müsli

mysli

de Cornflakes

murot

dat Mehl

jauho

de Croissant

voisarvi

dat Rundstück

sämpylä

dat Broot

leipä

dat Toast

paahtoleipä

de Keksen

keksit

de Botter

voi

de Quark

rahka

de Koken

kakku

dat Ei

kananmuna

dat Spegelei

paistettu kananmuna

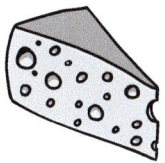

de Kees

juusto

de Ies

jäätelö

de Zucker

sokeri

de Honnig

hunaja

de Marmelaad

hillo

de Nougat-Creme

suklaapähkinälevite

dat Curry

curry

de Buernhoff
maatila

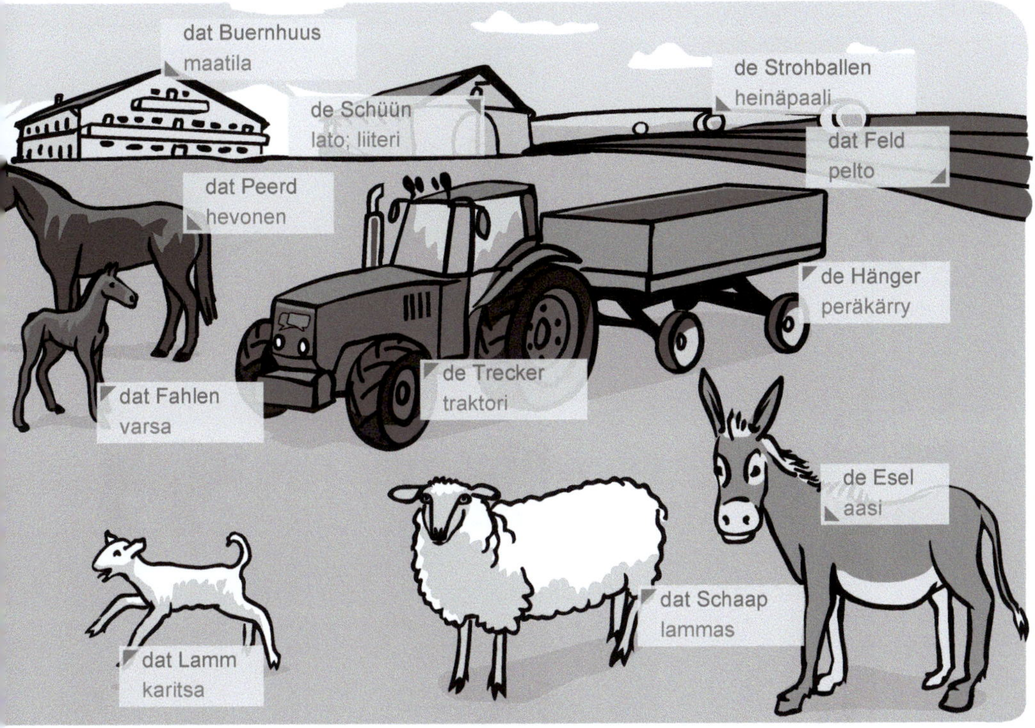
dat Buernhuus
maatila
de Schüün
lato; liiteri
de Strohballen
heinäpaali
dat Feld
pelto
dat Peerd
hevonen
de Hänger
peräkärry
dat Fahlen
varsa
de Trecker
traktori
de Esel
aasi
dat Schaap
lammas
dat Lamm
karitsa

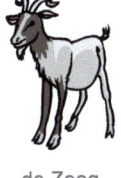

de Zeeg

vuohi

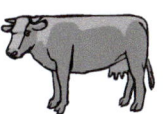

de Koh

lehmä

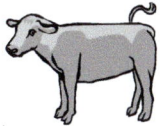

dat Kalf

vasikka

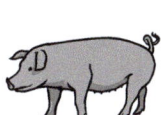

dat Swien

sika

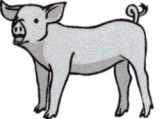

dat Farken

porsas

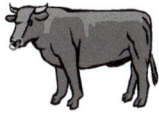

de Bull

sonni

de Goos

hanhi

de Aant

ankka

dat Küken

tipu

dat Hohn

kana

de Hahn

kukko

de Rott

rotta

de Katt

kissa

de Muus

hiiri

de Oss

härkä

de Hund

koira

de Hunnenhütt

koirankoppi

de Goornslauch

puutarhaletku

de Geetkann

kastelukannu

de Lee

viikate

de Ploog

aura

de Sich

sirppi

de Hack

kuokka

de Mestfork

talikko

de Ext

kirves

de Schuufkoor

kottikärryt

de Trog

kaukalo

de Melkkann

maitokannu

de Sack

säkki

de Tuun

aita

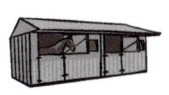

de Stall

talli

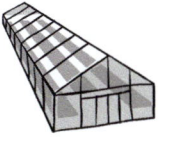

dat Drievhuus

kasvihuone

de Bodden

maa

de Saat

siemen

de Dünger

lannoite

de Meihdöscher

leikkuupuimuri

oornen

kerätä sato

de Oorn

sato

de Yamswöttel

jamssit

de Weten

vehnä

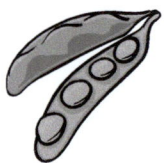

dat Soja

soija

de Kantüffel

peruna

de Törksche Weten

maissi

de Rapp

rypsi

de Aaftboom

hedelmäpuu

de Troopsch Kantüffel

maniokki

dat Koorn

vilja

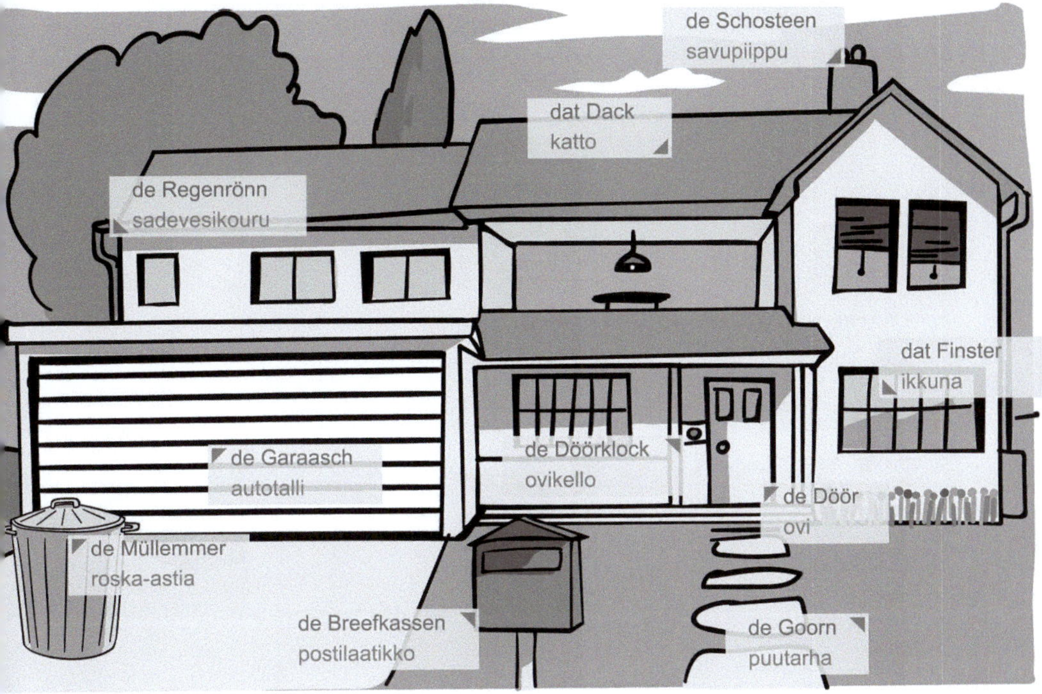

de Schosteen
savupiippu

dat Dack
katto

de Regenrönn
sadevesikouru

dat Finster
ikkuna

de Garaasch
autotalli

de Döörklock
ovikello

de Döör
ovi

de Müllemmer
roska-astia

de Breefkassen
postilaatikko

de Goorn
puutarha

de Wahnstuuv

olohuone

de Baadstuuv

kylpyhuone

de Köök

keittiö

de Slaapstuuv

makuuhuone

de Kinnerstuuv

lastenhuone

de Eetstuuv

ruokahuone

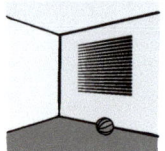

de Footbodden

lattia

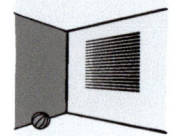

de Wand

seinä

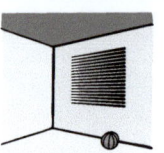

de Deek

katto

de Keller

kellari

dat Hittluftbad

sauna

de Balkon

parveke

de Terrass

terassi

dat Swümmbad

uima-allas

de Rasenmeiher

ruohonleikkuri

de Bettbetog

lakana

de Bettdeek

päiväpeitto

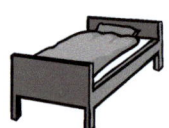

de Puuch

sänky

de Bessen

harja

de Emmer

ämpäri

de Schalter

katkaisin

de Wahnstuuv
olohuone

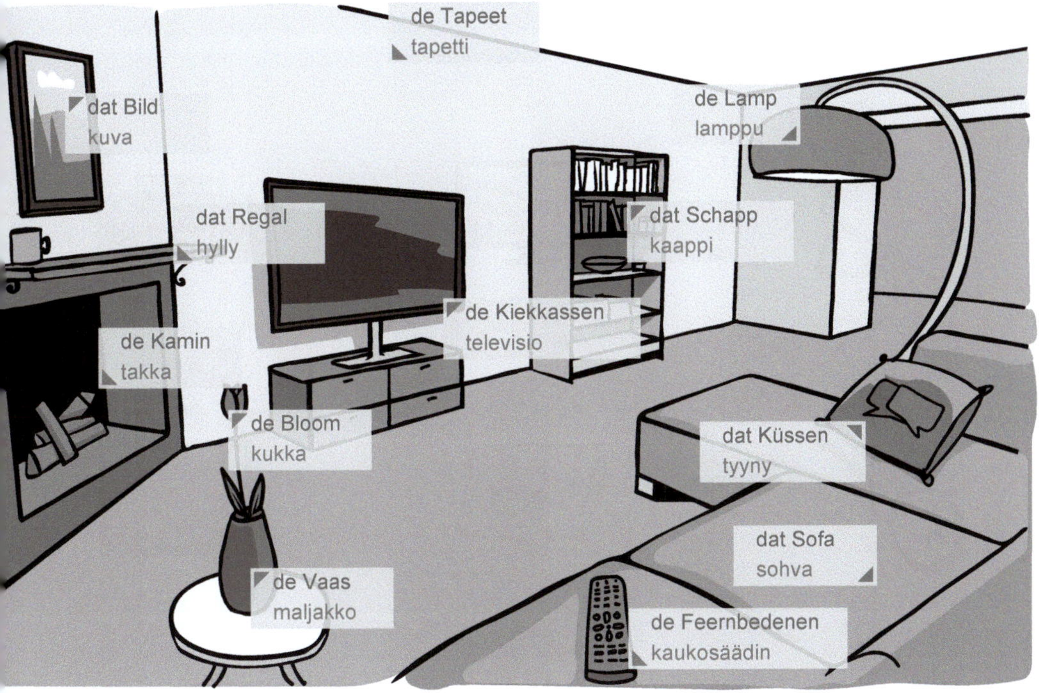
de Tapeet
tapetti
dat Bild
kuva
de Lamp
lamppu
dat Regal
hylly
dat Schapp
kaappi
de Kiekkassen
televisio
de Kamin
takka
de Bloom
kukka
dat Küssen
tyyny
dat Sofa
sohva
de Vaas
maljakko
de Feernbedenen
kaukosäädin

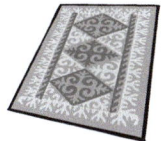

de Teppich
matto

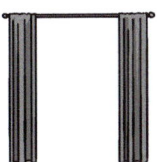

de Vörhang
verho

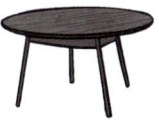

de Disch
pöytä

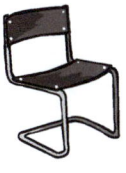

de Stohl
tuoli

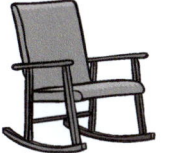

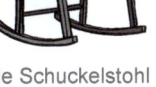

de Schuckelstohl
keinutuoli

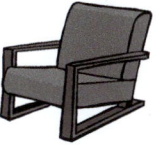

de Sessel
nojatuoli

dat Book

kirja

de Deek

peitto

de Dekoratschoon

koriste

dat Füerholt

polttopuut

de Film

elokuva

de Stereoanlaag

stereot

de Slötel

avain

dat Narichtenblatt

sanomalehti

dat Gemälde

maalaus

dat Poster

juliste

dat Radio

radio

de Opschrievblock

muistivihko

de Huulbessen

pölynimuri

de Kaktus

kaktus

de Kars

kynttilä

de Köök
keittiö

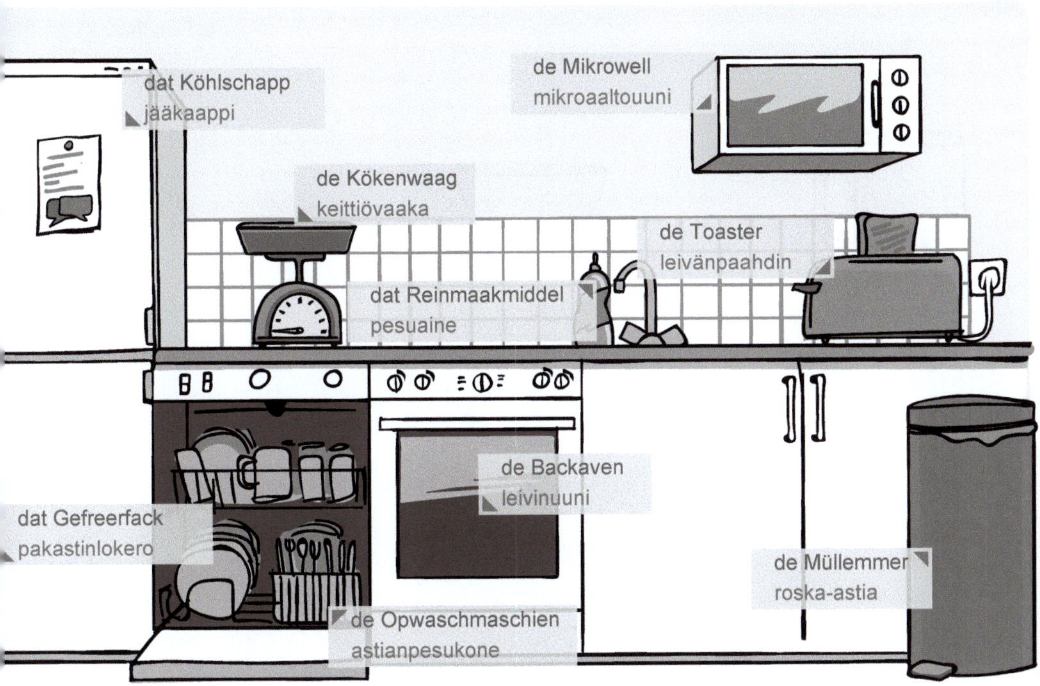
dat Köhlschapp
jääkaappi
de Mikrowell
mikroaaltouuni
de Kökenwaag
keittiövaaka
de Toaster
leivänpaahdin
dat Reinmaakmiddel
pesuaine
de Backaven
leivinuuni
dat Gefreerfack
pakastinlokero
de Müllemmer
roska-astia
de Opwaschmaschien
astianpesukone

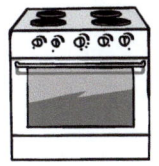

de Heerd
liesi

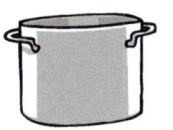

de Pott
kattila

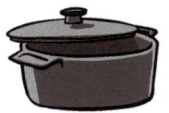

de Gussiesern Putt
rautapata

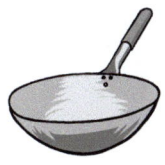

de Wok / Kadai
vokkipannu / kadai-pannu

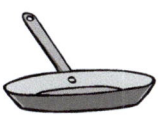

de Pann
paistinpannu

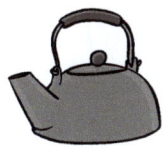

de Waterkaker
teepannu

de Dampkaakputt

höyrykeitin

dat Backblick

uunipelti

dat Geschirr

astiat

de Beker

muki

de Schaal

kulho

de Eetsticken

syömäpuikot

de Suppenkell

kauha

de Pannenwenner

paistinlasta

de Sneebessen

vispilä

dat Kaakseef

siivilä

dat Seef

siivilä

de Riev

raastin

de Mörser

mortteli

de Grill

grilli

de Füerstell

avotuli

dat Sniedbrett

leikkuulauta

dat Nudelholt

kaulin

de Proppentrecker

korkinavaaja

de Doos

purkki

de Dosenaapner

purkinavaaja

de Pottlappen

pannulappu

dat Waschbecken

lavuaari

de Böst

tiskiharja

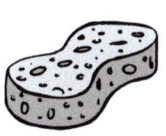

de Swamm

pesusieni

de Mixer

tehosekoitin

dat Iesschapp

pakastin

de Nuckelbuddel

tuttipullo

de Waterhahn

vesihana

de Baadstuuv
kylpyhuone

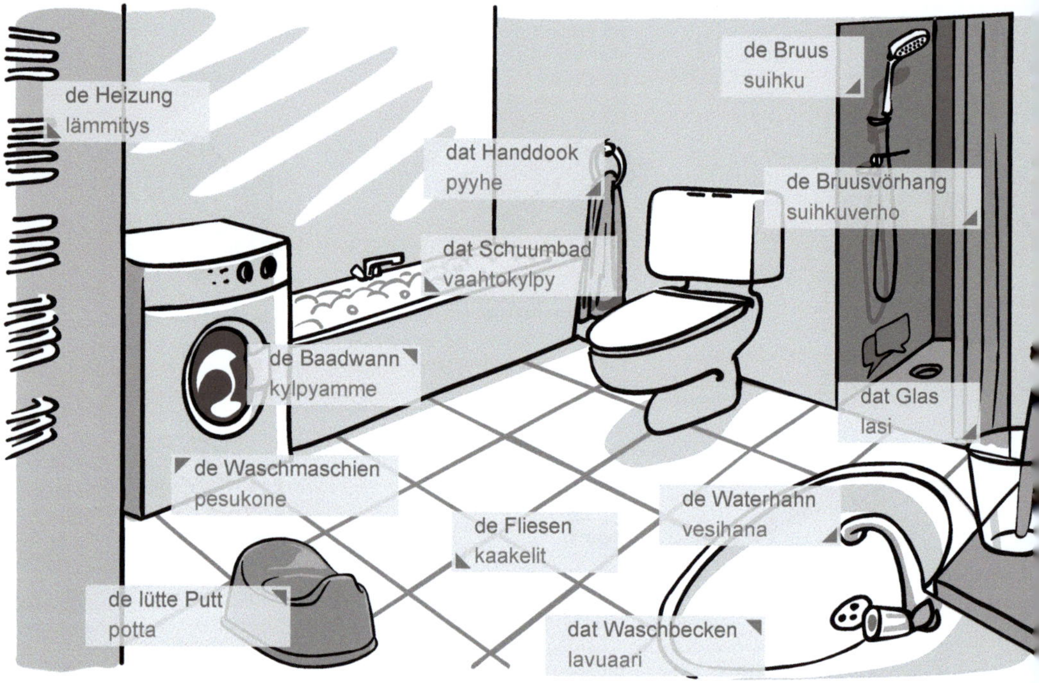
de Heizung
lämmitys
dat Handdook
pyyhe
de Bruus
suihku
de Bruusvörhang
suihkuverho
dat Schuumbad
vaahtokylpy
de Baadwann
kylpyamme
dat Glas
lasi
de Waschmaschien
pesukone
de Waterhahn
vesihana
de Fliesen
kaakelit
de lütte Putt
potta
dat Waschbecken
lavuaari

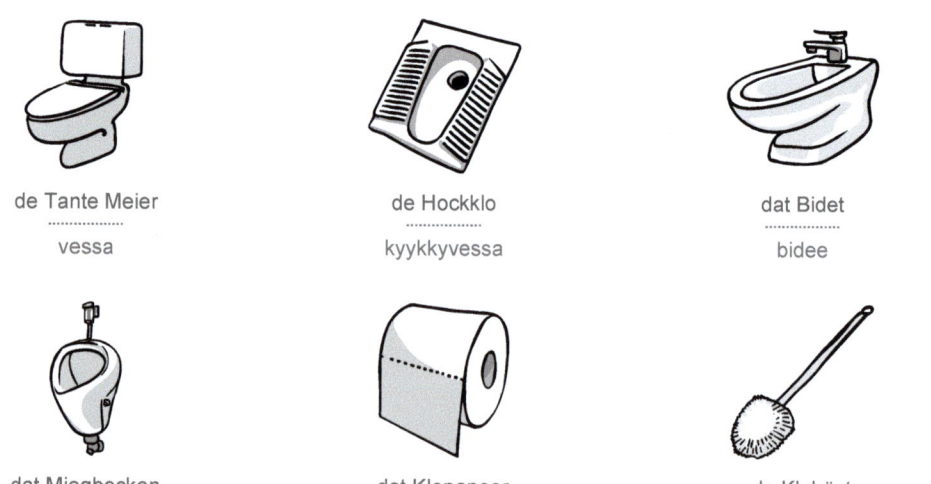

de Tante Meier
vessa

de Hockklo
kyykkyvessa

dat Bidet
bidee

dat Miegbecken
pisuaari

dat Klopapeer
vessapaperi

de Kloböst
vessaharja

de Tähnböst

hammasharja

de Tähnpast

hammastahna

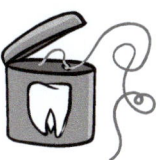

de Tähnsied

hammaslanka

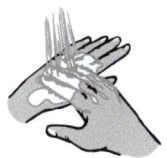

waschen

pestä

de Handbruus

käsisuihku

de Intimbruus

intiimisuihku

de Waschschöttel

pesuvati

de Rüchböst

selkäharja

de Seep

saippua

dat Bruusgeel

suihkugeeli

dat Hoorwaschmiddel

shampoo

de Waschlappen

pesulappu

de Afloop

viemäri

de Creme

voide

dat Deodorant

deodorantti

de Baadstuuv - kylpyhuone

de Spegel

peili

de Kosmetikspegel

käsipeili

de Raserer

partaveitsi

de Raseerschuum

partavaahto

dat Raseerwater

partavesi

de Kamm

kampa

de Böst

harja

de Hoordröger

hiustenkuivaaja

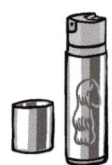

dat Hoorspray

hiuslakka

de Smink

meikki

de Lippensticken

huulipuna

de Nagellack

kynsilakka

de Watt

pumpuli

de Nagelscheer

kynsisakset

dat Rüükwater

hajuvesi

de Kulturbüdel

kosmetiikkalaukku

de Schemel

jakkara

de Waag

vaaka

de Baadmantel

kylpytakki

de Gummihanschen

kumihansikkaat

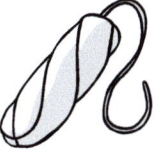

de Tampon

tamponi

de Damenbinn

terveysside

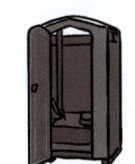

dat Chemieklo

kemiallinen wc

de Kinnerstuuv
lastenhuone

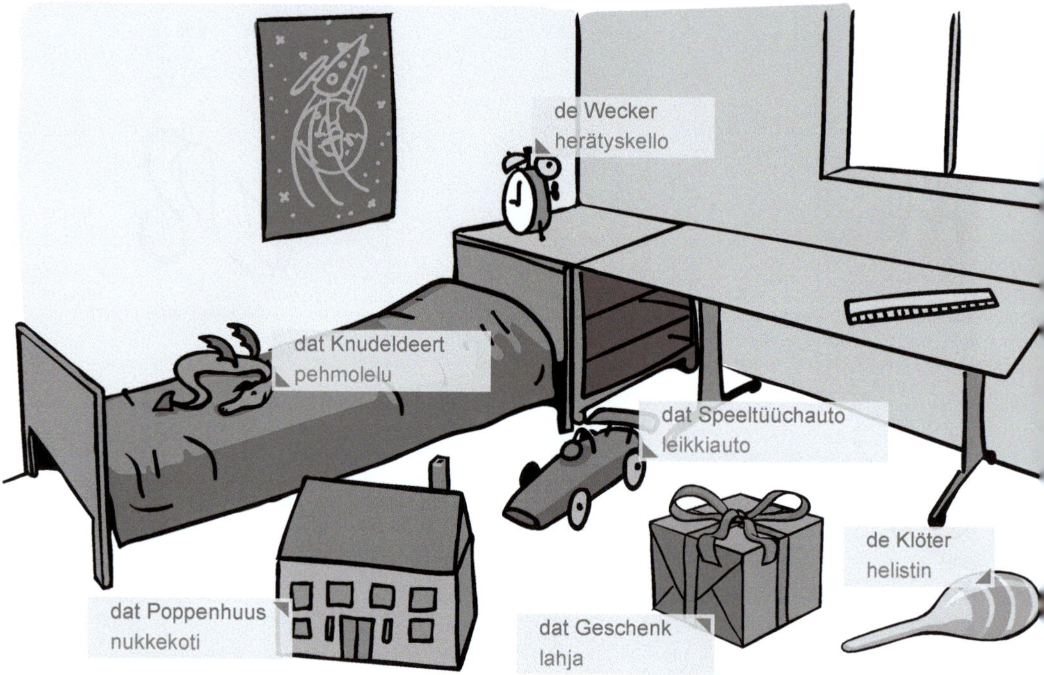

de Wecker
herätyskello

dat Knudeldeert
pehmolelu

dat Speeltüüchauto
leikkiauto

de Klöter
helistin

dat Poppenhuus
nukkekoti

dat Geschenk
lahja

de Luftballon

ilmapallo

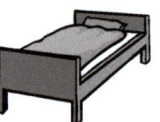

de Puuch

sänky

de Kinnerwagen

lastenvaunut

dat Koortenspeel

korttipeli

dat Puzzle

palapeli

de Billergeschicht

sarjakuva

de Legostenen

legopalikat

de Bustenen

rakennuspalikat

de Action-Figur

supersankari

de Strampelantog

potkupuku

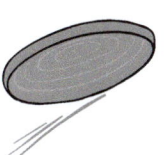

de Frisbeeschiev

frisbee

dat Mobile

mobile

dat Brettspeel

lautapeli

de Wörpel

noppa

de Modelliesenbahn

pienoisjunarata

de Snuller

tutti

de Party

juhlat

dat Billerbook

kuvakirja

de Ball

pallo

de Popp

nukke

spelen

leikkiä

de Kinnerstuuv - lastenhuone

de Sandkassen

hiekkalaatikko

de Schuckel

keinu

dat Speeltüüch

lelut

de Speelkonsool

pelikonsoli

dat Dreerad

kolmipyörä

de Teddyboor

nalle

dat Klederschapp

vaatekaappi

dat Tüüch

vaatteet

de Socken

sukat

de Strümp

nylonsukat

de Strumpbüx

sukkahousut

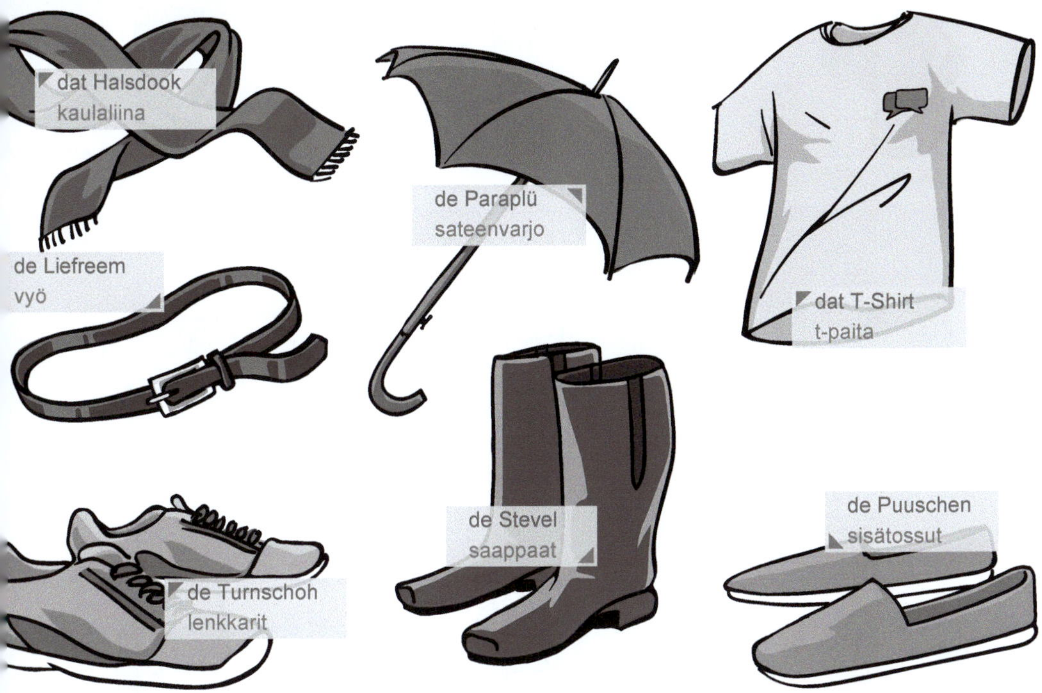

dat Halsdook
kaulaliina

de Paraplü
sateenvarjo

de Liefreem
vyö

dat T-Shirt
t-paita

de Turnschoh
lenkkarit

de Stevel
saappaat

de Puuschen
sisätossut

de Sandalen
....
sandaalit

de Schoh
....
kengät

de Gummistevel
....
kumisaappaat

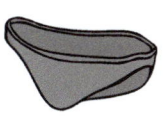

de Ünnerbüx
....
alushousut

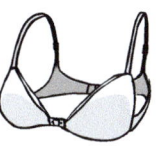

de Bostholler
....
rintaliivit

dat Ünnerhemd
....
aluspaita

dat Tüüch - vaatteet

45

de Lief

body

de Büx

housut

de Jeansnüx

farkut

de Rock

hame

de Bluus

pusero

dat Hemd

paita

de Pullover

villapaita

de Kapuzenpullover

collegepaita

de Blazer

jakku

de Jack

takki

de Mantel

takki

de Övertrecker

sadetakki

dat Kostüm

puku

dat Kleed

mekko

dat Hochtietskleed

hääpuku

de Antog
puku

dat Nachtkleed
yöpaita

de Slaapantog
pyjama

de Sari
shari

dat Koppdook
päähuivi

de Turban
turbaani

de Burka
burka

de Kaftan
kaftaani

de Abaya
abaya

de Baadantog
uimapuku

de Baadbüx
uimahousut

de Korte Büx
shortsit

de Antog to'n Öven
verkkarit

de Schört
esiliina

de Handschoh
käsineet

de Knopp

nappi

de Brill

silmälasit

dat Armband

rannekoru

de Halskeed

kaulakoru

de Ring

sormus

de Ohrbummel

korvakoru

de Mütz

lippalakki

de Klederbögel

ripustin

de Hoot

hattu

de Binner

solmio

de Rietslüter

vetoketju

de Helm

kypärä

dat Drachtband

henkselit

de Schooluniform

koulupuku

de Uniform

univormu

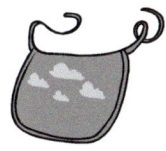

de Severböten

ruokalappu

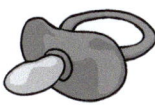

de Snuller

tutti

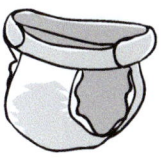

de Winnel

vaippa

dat Büro
toimisto

de Server
palvelin
dat Aktenschapp
asiakirjakaappi
at Papeer
aperi
de Drucker
tulostin
de Bildschirm
näyttö
de Schrievdisch
kirjoituspöytä
de Muus
hiiri
de Orner
kansio
dat Knoopboord
näppäimistö
de Papeerkorf
roskakori
de Computer
tietokone
de Stohl
tuoli

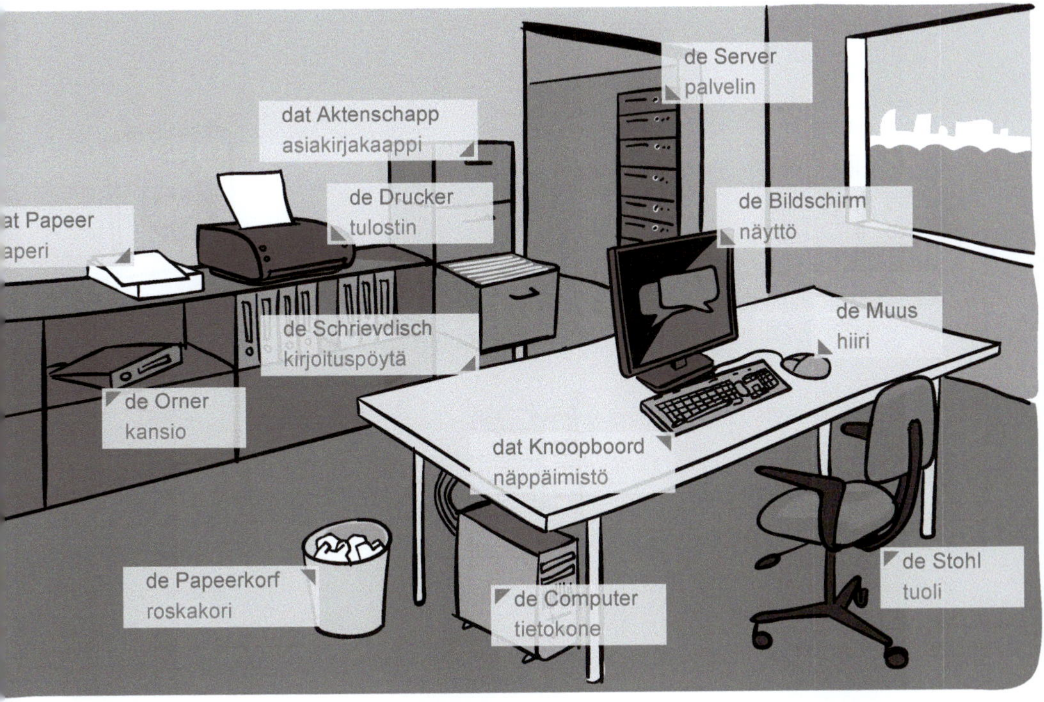

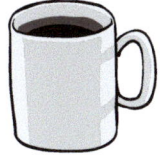

de Koffiebeker

kahvimuki

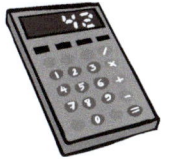

de Taschenreekner

taskulaskin

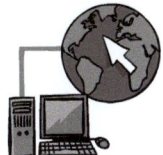

dat Internet

internet

de Klappreekner

kannettava tietokone

de Breef

kirje

de Naricht

viesti

de Ackersnacker

kännykkä

dat Nettwark

verkko

de Kopeerapparat

kopiokone

de Software

ohjelmisto

de Klöönkassen

puhelin

de Steekdoos

pistorasia

de Faxapparat

faksi

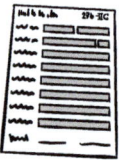

dat Formulor

lomake

dat Dokument

asiakirja

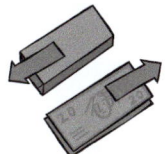

köpen

ostaa

betahlen

maksaa

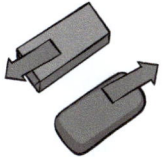

hanneln

vaihtaa

dat Geld

raha

de Dollar

dollari

de Euro

euro

de Yen

jeni

de Ruvel

rupla

de Swiezer Franken

frangi

de Renminbi Yuan

renminbi juan

de Rupie

rupia

de Geldautomat

pankkiautomaatti

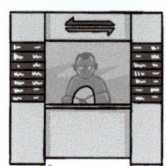

de Wesselstuuv

rahanvaihto

dat Gold

kulta

dat Sülver

hopea

dat Ööl

öljy

de Energie

energia

de Pries

hinta

de Verdrag

sopimus

de Stüer

vero

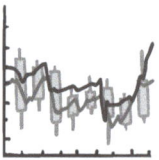

de Andeelschien

osake

arbeiden

työskennellä

de Anstellte

työntekijä

de Arbeitgever

työnantaja

de Fabrik

tehdas

de Hökerie

liike

de Profeschonen
ammatit

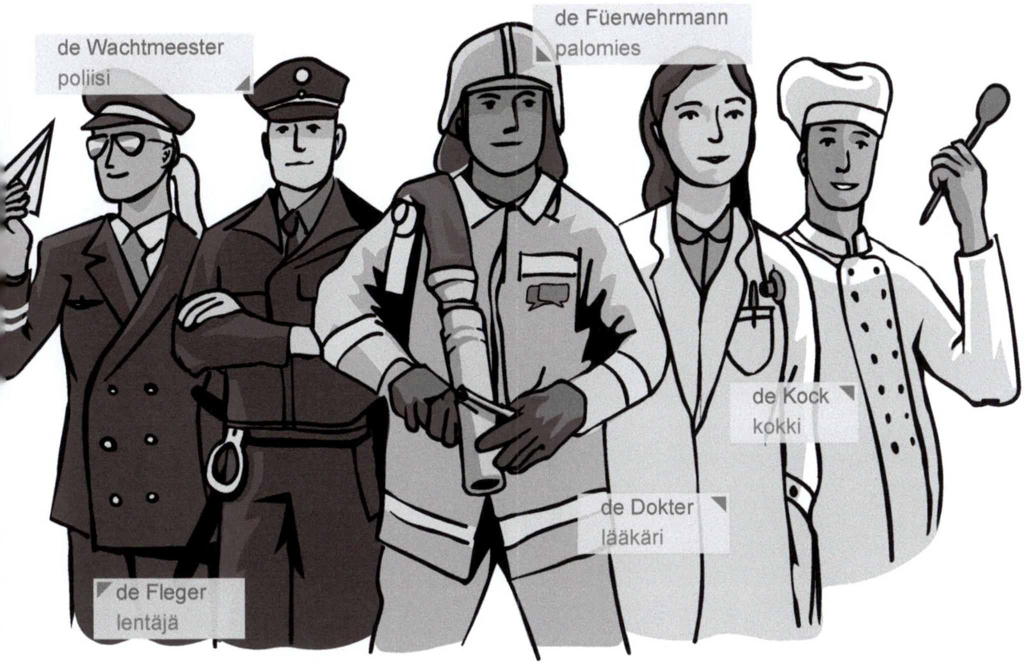
de Wachtmeester
poliisi
de Füerwehrmann
palomies
de Kock
kokki
de Dokter
lääkäri
de Fleger
lentäjä

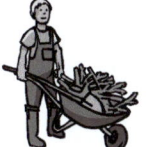

de Goorner
puutarhuri

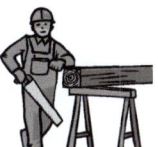

de Discher
puuseppä

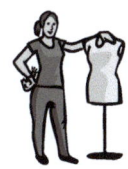

de Neihersche
ompelija

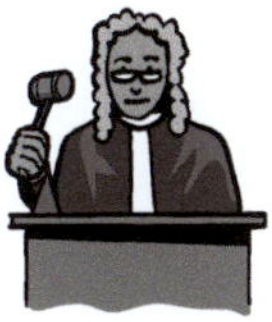

de Richter
tuomari

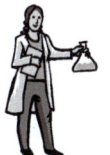

de Chemiker
kemisti

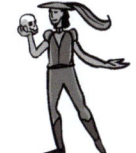

de Schauspeler
näyttelijä

de Busfohrer

linja-autonkuljettaja

de Taxifohrer

taksinkuljettaja

de Fischer

kalastaja

de Reinmaakfru

siivooja

de Dackdecker

katontekijä

de Kellner

tarjoilija

de Jäger

metsästäjä

de Maler

maalari

de Bäcker

leipuri

de Elektriker

sähköasentaja

de Buarbeider

rakentaja

de Ingenieur

insinööri

de Slachter

teurastaja

de Klempner

putkiasentaja

de Postbüdel

postinjakaja

de Suldat

sotilas

de Architekt

arkkitehti

de Kasserer

kassanhoitaja

de Florist

floristi

de Putzbüdel

kampaaja

de Schaffner

konduktööri

de Mechaniker

mekaanikko

de Kaptein

kapteeni

de Tähndokter

hammaslääkäri

de Wetenschopler

tiedemies

de Rabbi

rabbi

de Imam

imaami

de Mönk

munkki

de Paap

pappi

dat Warktüüch
työkalut

de Hamer
vasara
de Tang
pihdit
de Schruvendreiher
ruuvimeisseli
de Schruvenslötel
jakoavain
de Taschenlam
taskulamppu

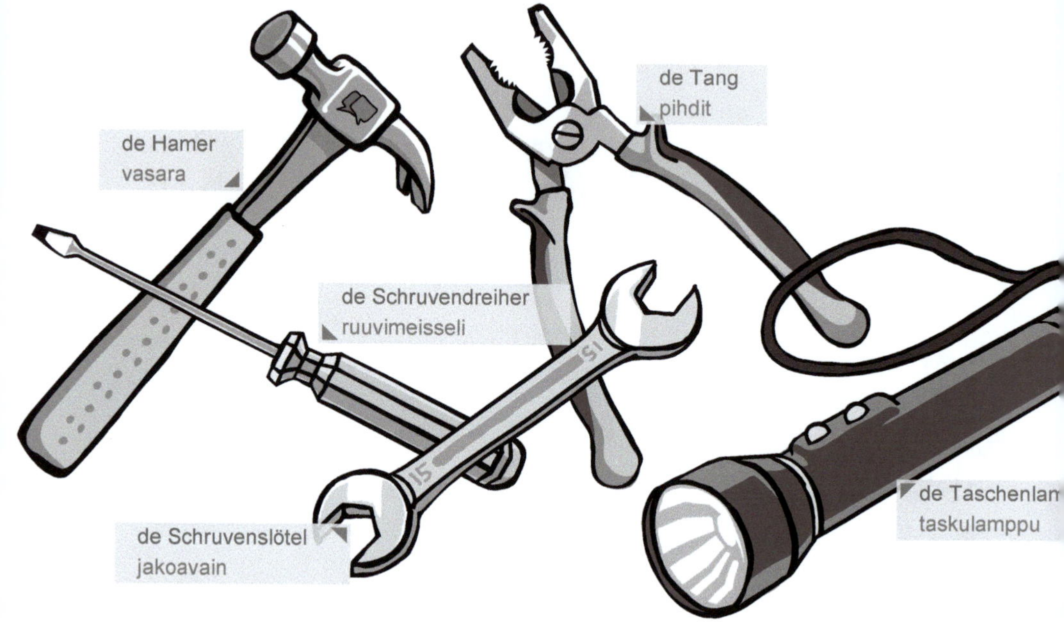

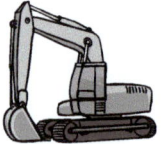

de Grieper
kaivinkone

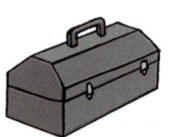

de Warktüüchkassen
työkalupakki

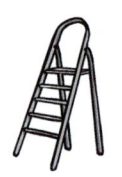

de Ledder
tikkaat

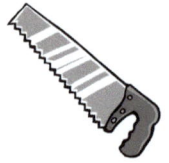

de Saag
saha

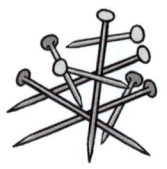

de Nagels
naulat

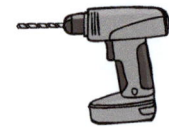

de Bohrer
pora

heelmaken

korjata

de Schüffel

lapio

Schiet!

Hitto!

dat Kehrblick

rikkalapio

de Farvpott

maalipurkki

de Schruven

ruuvit

de Musikinstrumenten
soittimet

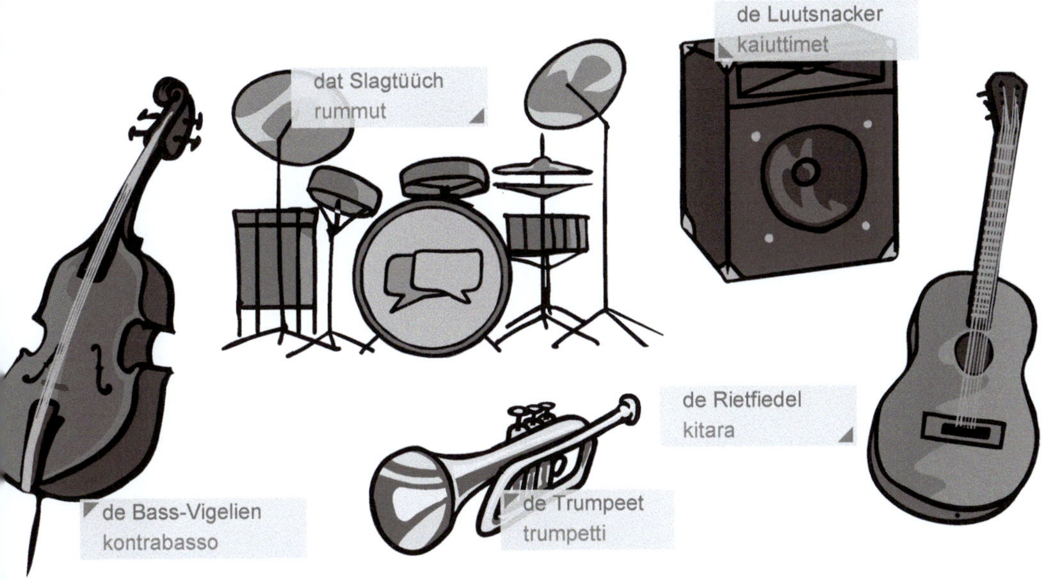

de Luutsnacker
kaiuttimet

dat Slagtüüch
rummut

de Rietfiedel
kitara

de Bass-Vigelien
kontrabasso

de Trumpeet
trumpetti

dat Klaveer

piano

de Vigelien

viulu

de Bass

basso

de Pauk

patarummut

de Trummeln

rumpu

dat Keyboard

kosketinsoitin

dat Saxophon

saksofoni

de Fleut

huilu

dat Mikrofoon

mikrofoni

de Deertenpark
eläintarha

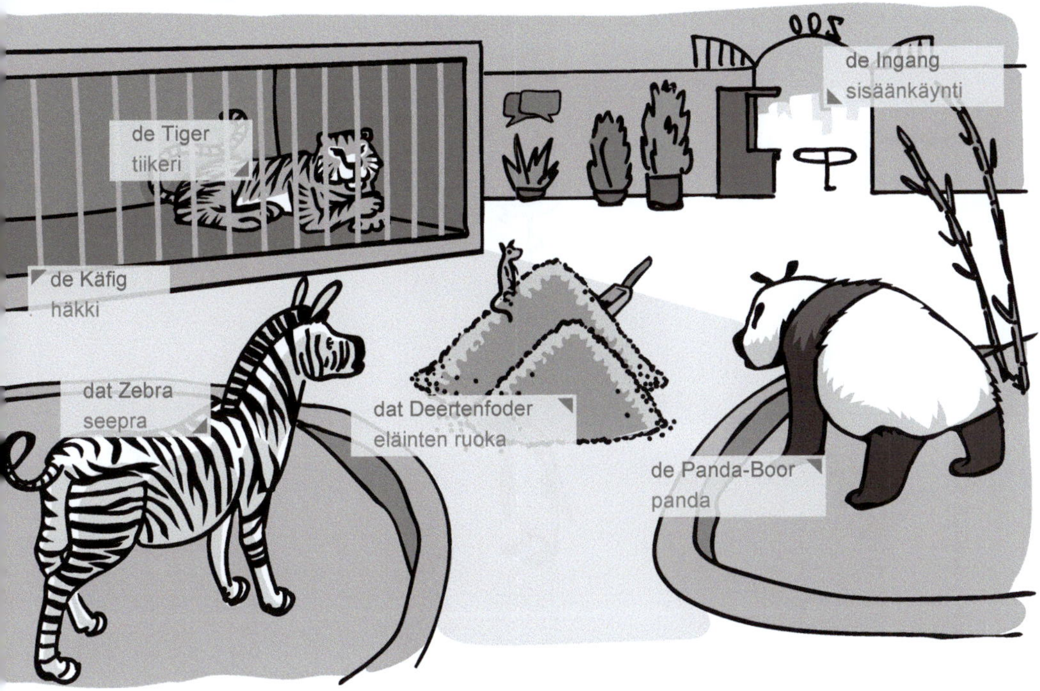

de Ingang
sisäänkäynti
de Tiger
tiikeri
de Käfig
häkki
dat Zebra
seepra
dat Deertenfoder
eläinten ruoka
de Panda-Boor
panda

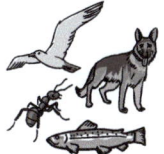

de Deerten
eläimet

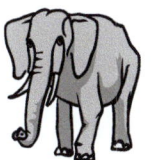

de Elefant
norsu

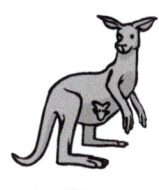

dat Känguru
kenguru

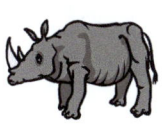

dat Neeshoorn
sarvikuono

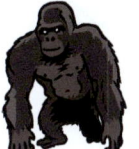

de Gorilla
gorilla

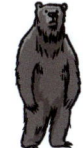

de Boor
karhu

dat Kameel

kameli

de Struuß

strutsi

de Lööv

leijona

de Aap

apina

de Flamingo

flamingo

de Papagoi

papukaija

de Iesboor

jääkarhu

de Pinguin

pingviini

de Haifisch

hai

de Pageluun

riikinkukko

de Slang

käärme

dat Krokodil

krokotiili

de Oppasser in'n
Deertenpark

eläintarhanhoitaja

de Saalhund

hylje

de Jaguor

jaguaari

dat Pony

poni

de Leopard

leopardi

dat Nilpeerd

virtahepo

de Giraff

kirahvi

de Aadler

kotka

dat Wildswien

villisika

de Fisch

kala

de Schildkrööt

kilpikonna

dat Walross

mursu

de Voss

kettu

de Gazell

gaselli

de Amerikaansch Football
amerikkalainen jalkapallo

dat Radfohren
pyöräily

dat Tennis
tennis

de Korfball
koripallo

dat Swümmen
uinti

dat Boxen
nyrkkeily

dat Ieshockey
jääkiekko

de Football
jalkapallo

dat Fedderball
sulkapallo

de Leichtathletik
yleisurheilu

de Handball
käsipallo

dat Skilopen
hiihto

dat Polo
poolo

de Aktivitäten
aktiviteetit

lachen
nauraa
springen
hypätä
ümarmen
halata
gahn
kävellä
singen
laulaa
drömen
unelmoida
beden
rukoilla
snuteln
suudella

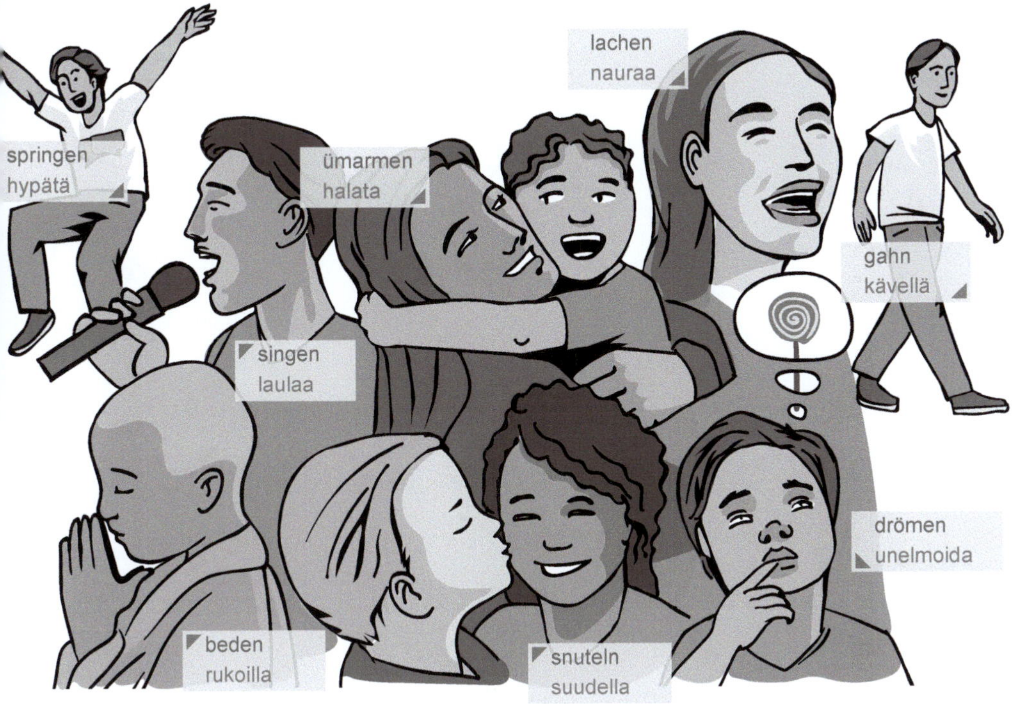

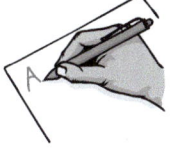

schrieven

kirjoittaa

teken

piirtää

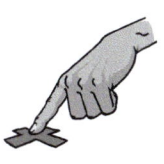

wiesen

näyttää

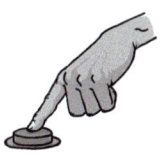

drücken

painaa

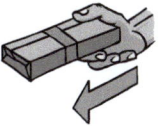

geven

antaa

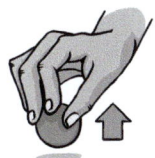

nehmen

ottaa

hebben

omistaa

doon

tehdä

sien

olla

stahn

seisoa

lopen

juosta

trecken

vetää

smieten

heittää

fallen

kaatua

liggen

maata

töven

odottaa

dregen

kantaa

sitten

istua

antrecken

pukeutua

slapen

nukkua

opwaken

herätä

ankieken

katsoa

wenen

itkeä

eien

silittää

kämmen

kammata

snacken

puhua

verstahn

ymmärtää

fragen

kysyä

hören

kuunnella

drinken

juoda

eten

syödä

oprümen

siivota

leefhebben

rakastaa

kaken

keittää

fohren

ajaa

flegen

lentää

segeln

purjehtia

reken

laskea

lesen

lukea

lehren

oppia

arbeiden

työskennellä

de Plünnen tohoopsmieten

mennä naimisiin

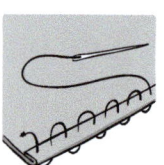

neihen

ommella

Tähnen putzen

pestä hampaat

dootmaken

tappaa

smöken

tupakoida

schicken

lähettää

de Familje
perhe

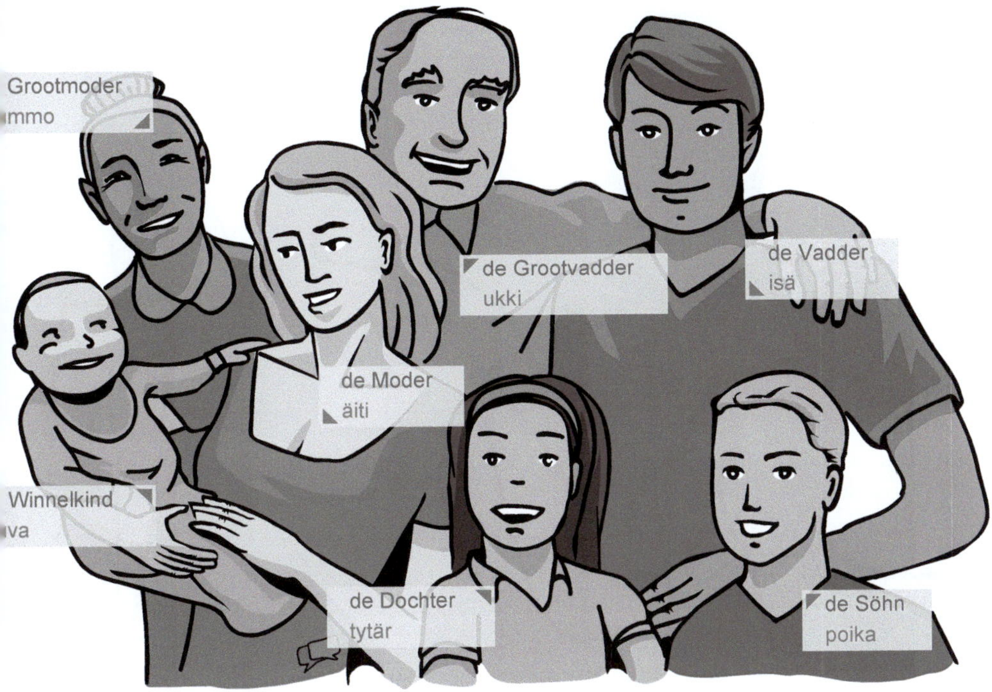
Grootmoder
mmo
de Grootvadder
ukki
de Vadder
isä
de Moder
äiti
Winnelkind
va
de Dochter
tytär
de Söhn
poika

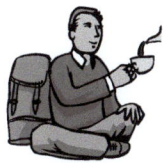

de Gast

vieras

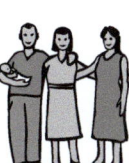

de Tant

täti

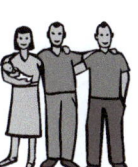

de Unkel

setä

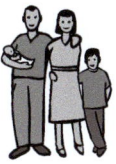

de Broder

veli

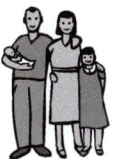

de Süster

sisko

de Lief

vartalo

de Vörkopp
otsa
dat Oog
silmä
de Schuller
olkapää
de Finger
sormet
dat Gesicht
kasvot
dat Kinn
leuka
de Hand
käsi
dat Been
jalka
de Bost
rinta
de Arm
käsivarsi

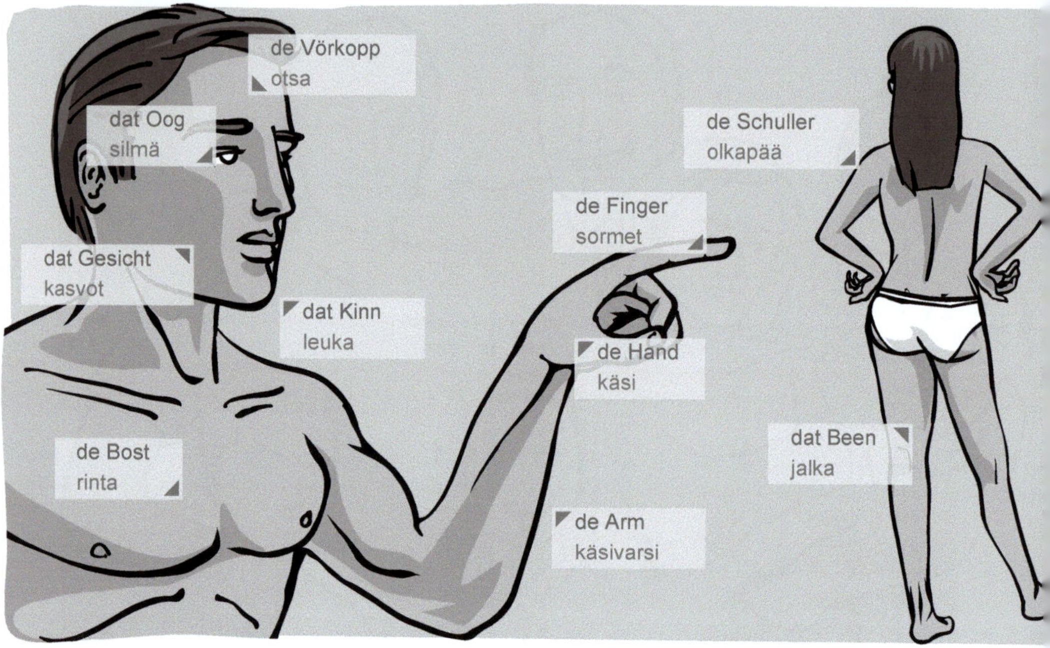

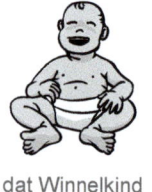

dat Winnelkind

vauva

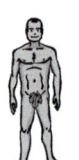

de Mann

mies

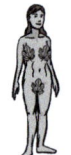

de Fro

nainen

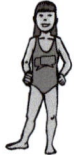

de Deern

tyttö

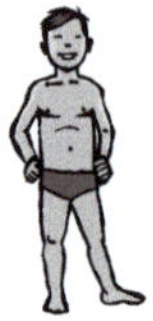

de Jung

poika

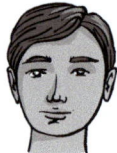

de Arm

pää

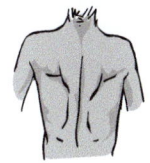

de Rüch

selkä

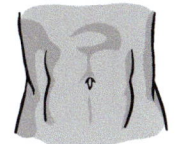

de Buuk

maha

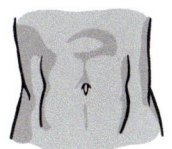

de Navel

napa

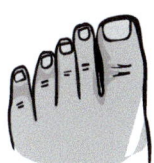

de Teh

varvas

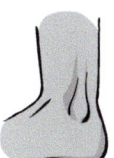

de Hack

kantapää

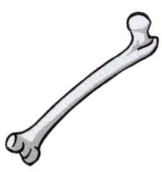

de Knaken

luu

de Hüft

lantio

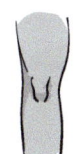

dat Knee

polvi

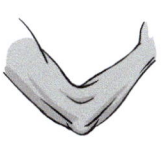

de Ellbagen

kyynärpää

de Nees

nenä

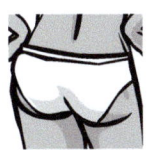

de Achtersen

takapuoli

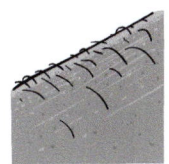

de Huut

iho

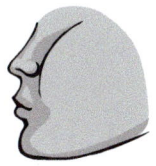

de Back

poski

dat Ohr

korva

de Lipp

huuli

de Mund

suu

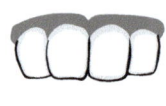

de Tähn

hammas

de Tung

kieli

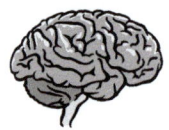

de Bregen

aivot

dat Hart

sydän

de Muskel

lihas

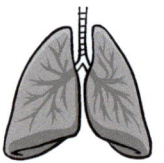

de Lung

keuhkot

de Lever

maksa

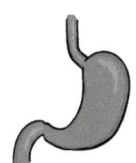

de Maag

vatsa

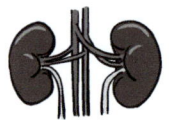

de Neren

munuaiset

de Bislaap

seksi

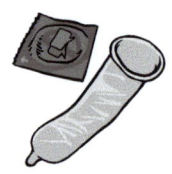

dat Kondoom

kondomi

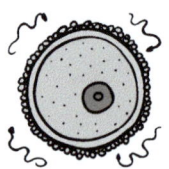

de Eizell

munasolu

dat Sperma

sperma

de Anner Ümstänn

raskaus

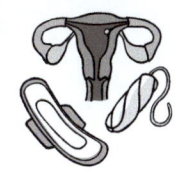

de Menstruatschoon

kuukautiset

de Scheed

vagina

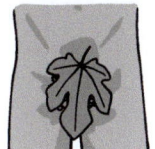

de Pint

penis

de Ogenbroe

kulmakarvat

dat Hoor

hiukset

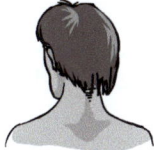

de Hals

niska

dat Krankenhuus
sairaala

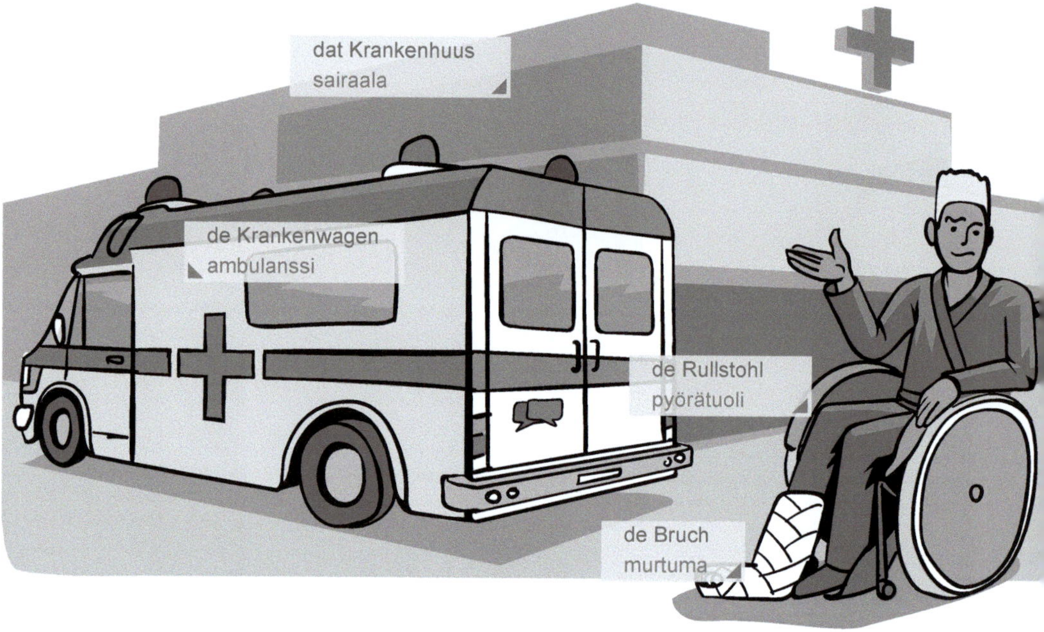

dat Krankenhuus
sairaala
de Krankenwagen
ambulanssi
de Rullstohl
pyörätuoli
de Bruch
murtuma

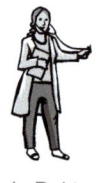

de Dokter

lääkäri

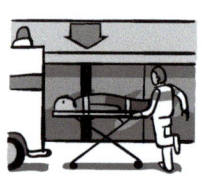

de Nootopnahm

ensiapu

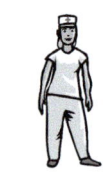

de Krankensüster

sairaanhoitaja

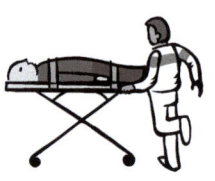

de Nootfall

hätätilanne

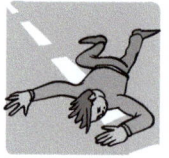

ahnmächtig

tajuton

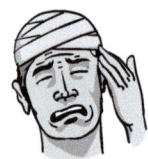

de Wehdaag

kipu

de Verwunnen

vamma

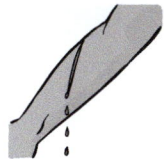

de Blöden

verenvuoto

de Hartinfarkt

sydänkohtaus

de Slaganfall

aivoinfarkti

de Allergie

allergia

de Hoosten

yskä

dat Fever

kuume

de Gripp

flunssa

de Dörchfall

ripuli

de Koppwehdaag

päänsärky

de Kreeft

syöpä

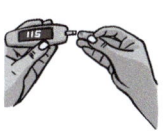

de Zuckersüük

diabetes

de Chirurg

kirurgi

dat Chirurgsch Mess

veitsi

de Operatschoon

leikkaus

dat CT

ct

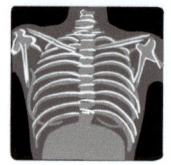

de Dörchlüchten

röntgen

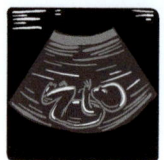

de Ultraschall

ultraääni

de Mask

maski

de Krankheit

sairaus

de Töövruum

odotushuone

de Krück

sauva

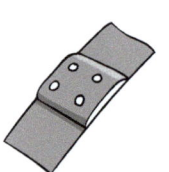

dat Plaaster

laastari

de Verband

side

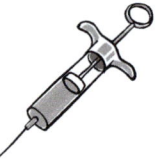

de Insprütten

pistos

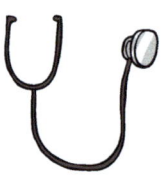

dat Stethoskop

stetoskooppi

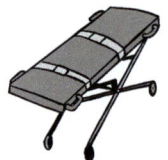

de Draag

paarit

dat Feverthermometer

kuumemittari

de Geboort

syntymä

dat Övergewicht

ylipaino

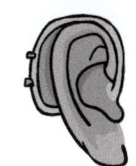

de Höörapparat

kuulolaite

dat Kiemfriemiddel

desinfiointiaine

de Ansteken

infektio

de Virus

virus

dat HIV / AIDS

HIV / AIDS

dat Heelmiddel

lääke

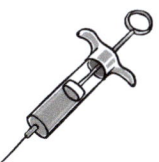

de Impen

rokotus

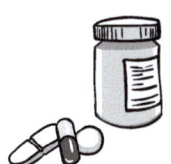

de Tabletten

tabletit

de Pill

pilleri

de Nootroop

hätäpuhelu

de Blootdruck-Meter

verenpainemittari

krank / gesund

sairas / terve

Hölp!

Apua!

de Alarm

hälytys

de Överfall

ryöstö

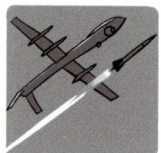

de Angreep

hyökkäys

de Gefohr

vaara

de Nootutgang

hätäuloskäynti

dat Füer!

Tulipalo!

de Füerlöscher

palosammutin

de Unfall

onnettomuus

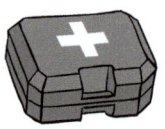

de Noothölpkoffer

ensiapulaukku

SOS

SOS

de Polizei

poliisilaitos

Europa

Eurooppa

Noordamerika

Pohjois-Amerikka

Süüdamerika

Etelä-Amerikka

Afrika

Afrikka

Asien

Aasia

Australien

Australia

de Atlantik

Atlantin valtameri

de Pazifik

Tyynimeri

dat Indisch Weltmeer

Intian valtameri

dat Antarktisch Weltmeer

Eteläinen jäämeri

dat Arktisch Weltmeer

Pohjoinen jäämeri

de Noordpol

pohjoisnapa

de Süüdpol

etelänapa

de Antarktis

Antarktis

de Eerd

maa

dat Land

maa

de See

meri

dat Eiland

saari

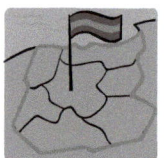

de Natschoon

kansa

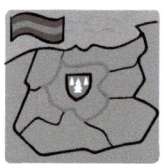

de Staat

osavaltio

dat Tallenblatt

kellotaulu

de Stunnenwieser

tuntiviisari

de Minutenwieser

minuuttiviisari

de Sekunnenwieser

sekuntiviisari

Wo laat is dat?

Paljonko kello on?

de Dag

päivä

de Tiet

aika

nu

nyt

de digetaalsch Klock

digitaalikello

de Minuut

minuutti

de Stunn

tunti

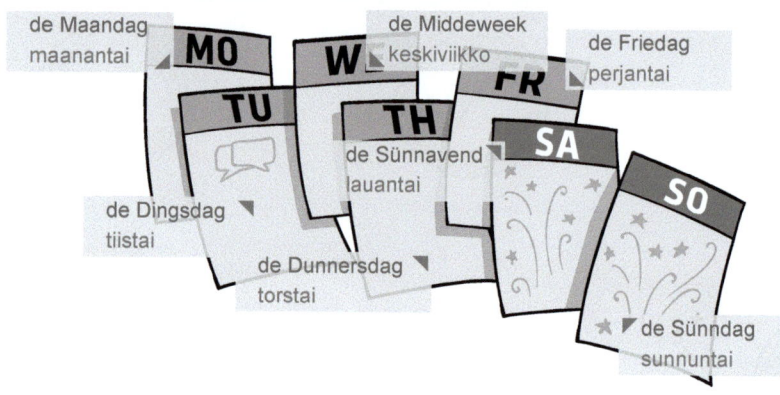

de Maandag
maanantai

de Middeweek
keskiviikko

de Friedag
perjantai

de Dingsdag
tiistai

de Sünnavend
lauantai

de Dunnersdag
torstai

de Sünndag
sunnuntai

güstern

eilen

hüüt

tänään

morgen

huomenna

de Morgen

aamu

de Meddag

keskipäivä

de Avend

ilta

de Arbeitsdaag

työpäivät

dat Wekenenn

viikonloppu

dat Johr
vuosi

de Regen
sade
de Regenbagen
sateenkaari
de Wind
tuuli
de Snee
lumi
dat Fröhjohr
kevät
de Harvst
syksy
de Sommer
kesä
de Winter
talvi

4.APRIL 11°
5.APRIL 4°
6.APRIL 13°
7.APRIL 8°
8.APRIL 10°

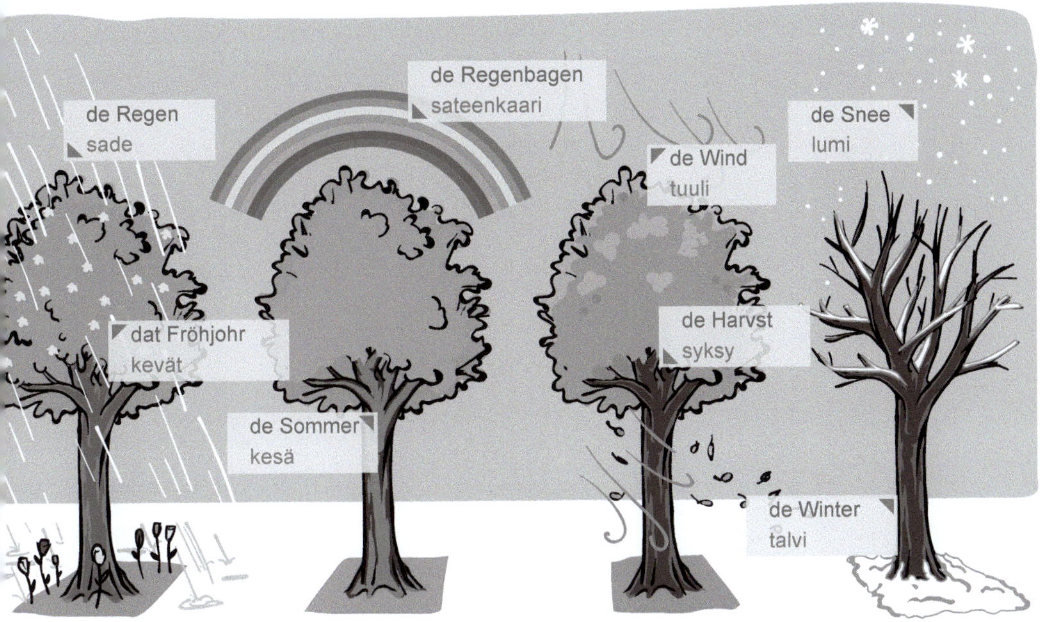

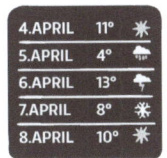

de Wedervörhersaag

sääennuste

F C
120 90 60 30 0 -30
40 30 20 10 0 -10 -20

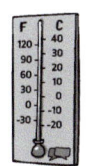

dat Thermometer

lämpömittari

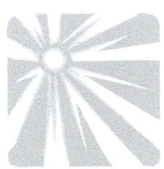

de Sünnenschien

auringonpaiste

de Wulk

pilvi

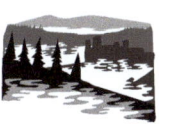

de Nevel

sumu

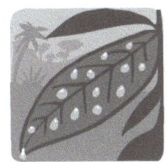

de Luftfuchtigkeit

ilmankosteus

de Blitz

salama

de Dunner

ukkonen

de Storm

myrsky

de Hagel

rae

de Monsun

monsuuni

de Floot

tulva

dat Ies

jää

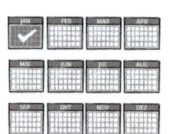

de Januormaand

tammikuu

de Februormaand

helmikuu

de Martmaand

maaliskuu

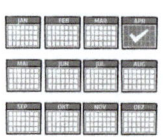

de Aprilmaand

huhtikuu

de Maimaand

toukokuu

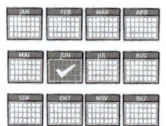

de Junimaand

kesäkuu

de Julimaand

heinäkuu

de Augustmaand

elokuu

dat Johr - vuosi

de Septembermaand
....
syyskuu

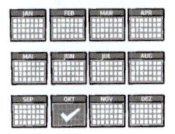

de Oktobermaand
....
lokakuu

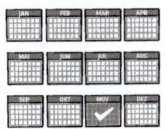

de Novembermaand
....
marraskuu

de Dezembermaand
....
joulukuu

de Formen
muodot

de Krink
....
ympyrä

dat Quadrat
....
neliö

dat Rechteck
....
suorakulmio

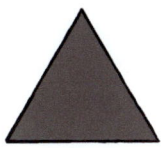

dat Dreeeck
....
kolmio

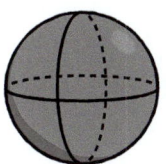

de Kugel
....
pallo

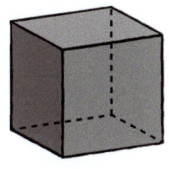

de Wörpel
....
kuutio

witt

valkoinen

geel

keltainen

orangsch

oranssi

pink

vaaleanpunainen

root

punainen

lila

violetti

blau

sininen

gröön

vihreä

bruun

ruskea

gries

harmaa

swart

musta

veel / wenig

paljon / vähän

böös / verdreeglich

vihainen / ystävällinen

smuck / mies

kaunis / ruma

de Begünn / dat Enn

alku / loppu

groot / lütt

suuri / pieni

hell / düüster

vaalea / tumma

de Broder / de Süster

veli / sisko

schier / schietig

puhdas / likainen

kumpleet / nich kumpleet

täydellinen / epätäydellinen

de Dag / de Nacht

päivä / yö

doot / lebennig

kuollut / elävä

breet / small

leveä / kapea

geneetbor / nich geneetbor

syötävä / syömäkelvoton

böös / fründlich

paha / kiltti

fickerig / langwielt

innostunut / tylsistynyt

dick / dünn

lihava / laiha

toeerst / toletzt

ensimmäinen / viimeinen

de Fründ / de Fiend

ystävä / vihollinen

vull / leddig

täysi / tyhjä

hart / week

kova / pehmeä

swoor / licht

painava / kevyt

de Smacht / de Döst

nälkä / jano

krank / gesund

sairas / terve

nich na't Recht / na't Recht

laiton / laillinen

klook / dummerhaftig

älykäs / tyhmä

linkerhand / rechterhand

vasen / oikea

neeg / feern

lähellä / kaukana

nieg / bruukt

uusi / käytetty

nix / wat

ei mitään / jotain

oolt / jung

vanha / nuori

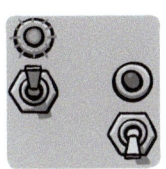

an / ut

päällä / pois päältä

apen / slaten

auki / kiinni

lies / luut

hiljainen / äänekäs

riek / arm

rikas / köyhä

richtig / verkehrt

oikein / väärin

ruug / glatt

karhea / sileä

trurig / glücklich

surullinen / iloinen

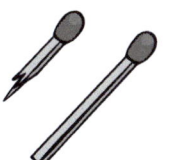

kort / lang

lyhyt / pitkä

suutje / flink

hidas / nopea

natt / dröög

märkä / kuiva

warm / köhl

lämmin / viileä

de Krieg / de Freden

sota / rauha

0

null

nolla

1

een

yksi

2

twee

kaksi

3

dree

kolme

4

veer

neljä

5

fief

viisi

6

söss

kuusi

7

söven

seitsemän

8

acht

kahdeksan

9

negen

yhdeksän

10

teihn

kymmenen

11

ölven

yksitoista

12

twölf

kaksitoista

13

dörteihn

kolmetoista

14

veerteihn

neljätoista

15

föffteihn

viisitoista

16

sössteihn

kuusitoista

17

söventeihn

seitsemäntoista

18

achtteihn

kahdeksantoista

19

negenteihn

yhdeksäntoista

20

twintig

kaksikymmentä

100

hunnert

sata

1.000

dusend

tuhat

1.000.000

million

miljoona

dat Engelsch

englanti

dat Amerikaansch Engelsch

amerikanenglanti

dat Chineesch Mandarin

mandariinikiina

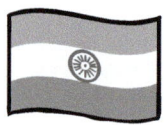

dat Hindi

hindi

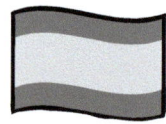

dat Spaansch

espanja

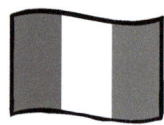

dat Franzöösch

ranska

dat Araabsch

arabia

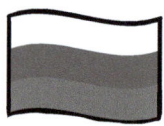

dat Rusch

venäjä

dat Portugiesch

portugali

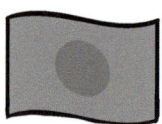

dat Bengaalsch

bengali

dat Düütsch

saksa

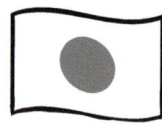

dat Japaansch

japani

ik
minä

du
sinä

he / se / dat
hän

wi
me

ji
te

se
he

keen?
kuka?

wat?
mitä / mikä?

woans?
miten?

woneem?
missä?

wannehr?
milloin?

de Naam
nimi

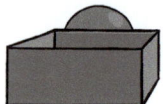

achter

takana

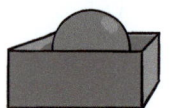

in

sisällä

vör

edessä

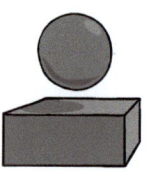

över

yläpuolella

op

päällä

ünner

alapuolella

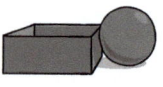

blangen

vieressä

twüschen

välissä

de Oort

paikka